낙원의 몰락

티베트 이전의 샹그릴라

낙원의 몰락

티베트 이전의 샹그릴라

발행   2023년 2월 27일

지은이   심혁주

펴낸이   원미경

펴낸곳   도서출판 산책
         강원도 춘천시 우두강둑길 23
         T_033) 254-8912
         E_book8912@naver.com

ISBN 978-89-7864-120-3   값 22,000원

※ 이 논문 또는 저서는 2018년 대한민국 교육부와 한국연구재단의
   지원을 받아 수행된 연구임(NRF - 2018S1A6A3A01022568)

낭만의 붕괴

티베트 이전의 샹그릴라

The Collapse of Paradise :
The State of Shangri-La Before the Tibet

심 혁 주

산책
도서출판

　　본서는　15년^{2004~2019}동안　티베트자치구^{西藏自治區}의 라싸^{拉薩}와 외곽지대^{日喀則, 山南, 亞東}, 쓰촨^{四川}의 아패^{阿壩} 장족강족자치주, 칭하이^{青海}의 옥수^{玉樹}장족자치주, 황 난^{黃南}장족자치주, 귀러^{果洛}장족자치주, 윈난^{雲南}의 디 칭^{迪慶}장족자치주, 깐수^{甘肅}의 깐난^{甘南}장족자치주 권역 을 답사하며 얻은 결과를 바탕으로 하였다. 대략 120 여 좌^座의 티베트 불교사원과 80여 명의 유목민과 농 민, 20명의 귀족 후예들 그리고 300명의 라마^{喇嘛}승려 와 25분의 활불^{活佛}을 찾아가 인터뷰와 면담을 진행했 다. 특히나 2019년 중국국무원의 초청으로 참가한 국 제포럼 〈2019, Forum on The Development of Tibet, China, 中國西藏發展論壇〉^{Lhasa}에서 만난 유럽 학자 들과의 토론과 티베트자치구 임지^{林芝}의 방문은 필자 의 졸저 〈티베트의 활불^{活佛} 제도〉 (서강대학교 출판 부, 2008)의 오류와 편견을 발견할 수 있는 계기가 되 었으며 본서의 구성과 균형에 도움을 주었다.

차
례

གཏམ

소문

1912년부터 1939년까지 중국 서남부 쓰촨四川, 티베트 토착민들의 근거지였던 캄ᄁ짜ᄍᄍ지역[1]에서는 중국군대와 토착민과의 전쟁에 가까운 격돌이 발생했다. 대략 20년 동안 3차례에 걸쳐 티베트 민병대와 불교사원에서 동원된 라마들이 합세하여 중국군에 저항했지만 모두 패했다. 압제와 파괴가 가득한 이 전쟁에 관하여 출처가 불분명한 기록에 따르면, 벨기에 출신의 외교관이 남긴 메모 또는 헛된 주장이라는 소문이 지배적이지만, 암튼 그가 쓴 것으로 짐작되는 보고서의 첫 장에는 당시의 전투상황과 병력 차이, 명분과 의지의 정도, 양측의 사망자, 특히 티베트 쪽의 손실에 비중을 둔 내용이 객관적으로 파악된 듯 보이지만 사실은 주관적이고 감정적인 기록이 두서없이 나열돼 있다. 스스로만이 알아볼 수 있는 문체와 필체로 낙서하듯 갈겨진 내용들을 보자면 중국 측이 포로로 잡은 티베트 토착민들에 대한 착취와 조금의 배려도 없는 언행들이 긴박하게 서술돼 있었다. 얼핏보면 절제와 통제가 불가능한 중국 측의 군인들이 포로들에게 저지른 범죄의 종류와 규모에 대한 최초의 보고서로 보일 정도였다. 사람들이 무엇보다도 궁금한 그 기록의 저자는 자신의 이름을 인도인들이 쓰는 이름처럼 길게 구불구불하게 써 놓았는데 불교를 전공하거나 호기심 많은 어떤 사람도 그의 이름을 알아보기 힘들었다. 첫 장 맨 아래에 쓰여 있던 이름은 네 글자로 보였는데 읽기 어려웠고 퇴색된 것으로 보여 일부러 지운 듯한 느낌을 주었다. 저자의 이름과 책의 제목을 선명하게 확인할 수 없을지라도 당시의 상황을 짐작하게 하는 캄 전쟁의 묘사와 군인들의 행위는 흥미롭다.

·→· ◆ ·←·

새벽 다섯 시면 설산에서 흰 수염을 가진 표범이 나타나는 것과 함께, 가장 높은 등성이의 정상에서는 안개가 드러나고, 잠시 후 안개가 스스로 사라지는 동안 계곡 아래 바위투성이인 언덕에는 룽다와 타르초가 바람에 펄럭인다. 이 때 평상시 같으면 아침밥을 짓거나 명상 수행에 몰두하던 라마들이 사원을 나와 토착민들이 진을 치고 있는 참도 계곡으로 향한다. 같은 시각, 북경에서 내려온 군인들도 계곡의 맞은편에 참호를 파고 티베트 진영의 후면을 기습하려는 모형을 만들었다. 잠시 후 아무것도 모르는 또는 알면서도 어쩔 수 없다는 듯한 순례자 세 명이 땅에 기어가며 오체투지에 정성을 쏟을 때, 중국 측의 나팔 소리와 함성으로 전투는 시작되었다. 전진과 공격이라는 명령에 가까운 소리가 반복해서 들리고 검은 연기와 병사들 머리 위로 대포알이 바람 소리를 내며 날아가는 시간이 반복되는 사이, 중국 군인들은 붉은 승복을 입은 라마들을 먼저 포로로 잡았다. 키가 크고 표범처럼 용맹한 토착민들보다는 어리숙하고 순종적으로 보이는 그들이 포획하기에 순조로웠기 때문이었다. 윤회하듯 나온 최초의 햇살이 어리둥절하면서 낙심하는 라마들의 표정을 비출 때, 조직적인 중국군의 숫자는 늘어났고 육중한 기병대가 거침없이 몰려오는 것을 거듭 확인한 티베트 토착민들은 자신들의 대열이 대책 없이 무너지는 것을 보며 그야말로 오합지졸이 무언가를 알게 되었다.

점심이 되기도 전에 티베트 측은 자신들의 중요한 방어지를 모두 빼앗겼다. 처음 듣는 과격한 포탄 소리에 놀라기도 했는데 그 포탄은 자신들이 소중히 하는 사원과 나무들을 박살 냈다. 맨살을 드러낸 채 낫과 도끼를 들고 불타는 눈알로 분주하게 뛰어다녔지만, 전투에는 전혀 도움이 되지 않음을 인정한 라마들은 허공을 향해 진언을 암송하기 시작했다. 낫을 바닥에 던지고 같은 자리를 빙빙 돌며 티베트 진언을 쏟아내는 장면을 본 중국 측의 군인은 말에서 내리며 혼잣말을 했다.

중들이 설치는 모습이란, 참으로 안쓰럽군.

그는 그렇게 말하더니 말의 목덜미를 가볍게 두드리고는 다시 올라타 호수의 반대편으로 가 흙무덤을 쌓아 진지를 구축하고 있는 자신의 병사들에게 최후의 돌격 명령을 내렸다. 전투는 노을이 오기 전에 끝났다.

· ◆ ·

이 전쟁을 계기로 쓰촨 일대의 티베트 사원과 마을은 초토화되고 중국군은 라싸로 올라갈 수 있는 긴요한 길목을 확보할 수 있었다. 당시 쓰촨 일대의 티베트 불교사원은 최소 이천 좌座 정도로 추산되는데 대부분 파괴되거나 방화로 허물어졌으며 사원 안에서 수행하던 라마들은 영문도 모른채 붙잡혀 어리둥절한 상태에서 도로 개간 작업에 강제적으로 끌려가거나 심지어는 서로 사슬에 묶인 채 정해진 일과에 따라 일출부터 일몰까지, 그리고 결국은 말 그대로 실신할 때까지 노역하도록 강요받았다는 소문이 전해졌다. 소문과 관련하여 역시 저자를 확인할 수 없는, 또한 일부러 그렇게 한 것으로 보이는 어떤 보고서에 따르면 당시의 상황을 발견 또는 목격한 것으로 짐작될 만한 내용이 엿보인다.

눈이 멀지 않은 사람이라면 알룽창포강 상류를 올라가면서 벌거벗은 사람들이 비명을 지르며 죽어가는 모습을, 성서에 기록된 예수의 수난사와는 비교가 안 될 정도로 끔찍하고 심장을 옥죄는 온갖 사례를 확인할 수 있을 것이다. 생기발랄하고 고무된 표정을 한 중국 군인들과 감독관들은 포로로 잡은 라마들을 포승줄로 묶고 어두운 밤이 되면 손과 발을 잘라 불구로 만들고, 총으로 사살하는 등의 행위는 군대의 규율 유지와 분위기를 위해 필요한 절차인 듯 일상적으로 행해졌다.

지어낸 듯하게 보이지만 목격을 근거로 써 놓은 듯한 그럴싸한 내용도 있었다.

티베트인들이 모여 사는 쓰촨 더거德格에서 제일 험악하다는 협곡에서 거대한 폭포를 만났을 때의 일이다. 나는 그곳에서 도르래와 수레를 이용하여 돌과 철근을 나르는 사람들을 보았는데 그중에는 안락의자에 앉아 감시의 눈빛으로 총을 허공에 세우고 있는 사람도 있었다.

뭐 하는 거요? 내가 다가가 물었다.
도로를 만들고 있지 않소. 해먹에 몸을 맡긴 군인이 총을 만지며 대꾸했다.
그건 왜요? 내가 물었더니,
빠르게 다니기 위해서요. 그가 불쑥 주머니에서 오이를 꺼내 씹으며 대답했다.
그렇군요. 내가 고개를 끄덕이며 응수하자,
어디로 가는 길이요? 그가 경계의 눈빛을 보내며 물었다.
카일라스로 가고 있어요. 하고 대답하자,
그곳에 뭐 하러? 라며 그는 위압적인 표정을 지으며 물었다.

그의 낯짝을 외면하며 내가 몸을 돌려 길의 방향을 가늠하는 사이, 화약, 탄약, 철근, 삽, 시멘트, 톱, 망치, 못, 커다란 돌들이 바닥 여기저기서 흩어져 있는 것이 보였는데 가만히 보니 그것들 사이로 얕은 숨소리를 내며 돌덩이를 메고 가는 사람들이 보였다. 그리고 또 그 옆으로 전혀 이 상황과 어울리지 않는 갈색 조랑말 두 마리가, 꼬리에 수 천마리의 배고픈 파리가 달라붙어 있는, 거의 장난감처럼 보일 정도로 작은 수레를 안쓰럽게 끌고 있었는데, 그 안에는 모레와 시멘트가 혼란스럽게 쌓여 있었다.

　나는 그곳의 상황을 염탐하기 위해 얼마간 머물렀는데 하루는 협곡 뒤편으로 거대한 빙산들이 형제처럼 나란히 서 있는 것을 발견했다. 옆으로 나란히 서 있는 빙산들은 콧김을 내뿜으며 온몸에서 뜨거운 수증기를 발산하는 말처럼 보였다. 나는 그쪽으로 올라가 보았다. 사람이 전혀 살 거 같지 않은 춥고 서늘한 빙산 주변에도 사람들이 분주히 움직이고 있었다. 보아하니, 더할 나위 없이 고상한 목적을 위해 모인 듯한 중국 군인들은 활기차고 생동적인 얼굴빛을 하며 누군가를 엄격하게 지휘하고 있었는데 내가 가만히 보니 돌을 나르거나 철근을 자르는 사람들이 수척한 광대뼈를 숨기지 못하고 공사장 이곳저곳을 분주하게 이동하고 있었다. 채석장을 연상시키는 거슬리는 소음과 매캐한 연기가 가득한 곳이었다. 나는 그곳을 배회하며 여러 날을 보냈지만, 날이 바뀌어도 거대한 공사장의 풍경은 똑같아서 티베트 초원에서 풀을 뜯는 야크가 마치 제자리걸음을 하는 것과 다를 바 없었다. 우스꽝스러운 건 공사장 절벽 위쪽으로는 낡은 대포들이 위아래로 우애 있게 포진해 있었는데 대포는 분명 아무 목적도 없이, 목표도 없이 허공을 향해 아침, 저녁으로 포탄을 발사한다는 것이었다. 나는 그곳을 떠나고 싶었다. 그래서 아무도 없을 거 같은 고요와 침묵으로 꽉 찬 널찍한 장소를 찾았는데, 그곳은 잔잔한 시냇물이 흐르고 평온하고 아늑한 대기의 냄새가 났다. 나는 한결 개운해진 감정과 기분으로 그곳으로 들어갔다. 그런데 그곳에는 뜻밖의 사람들이 있었다. 병들어 몸이 망가지고 굶주리고 노동으로 몸이 쇠진한 동물처럼 보이는 사람들이 여기저기 누워있었다. 마치 피부병이나 회복할 수 없는 전염병에 걸린 것처럼 드러누워 있는 사람들은 죽음을 기다리는 것처럼 보였다. 내가 두려움을 느끼며 선뜻 다가가지 못하고 우물쭈물하는 사이 한 사람이 힘겹게 일어서서 비틀하더니, 몸의 중심을 가까스로 잡더니, 허공에 혀를 내밀어 공기의 맛을 보는가 싶더니 건너편 숲속으로 사라졌다. 그걸 도망이라고 간주하듯 말리는 사람도 응원하는 사람도 없었다. 그가 순간적으로 사라지자 나는 비로소 누워있는 사람들이 궁금했다. 그들은 거의 모두 흡사한 표정을 짓고 있었는데 배가 고픈지 입을 반쯤 벌리고 있었고 눈이 가려운지 눈꺼풀이 서서히 올라갔다 내려오기를 반복하고 있었다. 괴로움과 고통은 이미 지나가고 마지막 숨을 쉬고 있는 듯 보였다. 그들이 그렇게 마지막 숨을 쉬는 동안, 아직 이곳에 이르지 않은 사람들은 저쪽에서 식료품, 전선, 시멘트, 철, 돌, 화약 가루, 공구 상자, 폭약, 베어 놓은 나무 따위를 어깨와 등에 짊어지고 바위와 나무 사이로 바삐 움직이고 있었는데 그건 강 하천과 상류를 이을 뗏목이나 임시다리의 완성을 위해 애쓰고 있는 모습으로 짐작되었다.

◆ ◆ ◆

소문에 의하면, 의도적으로 자신의 이름을 모호하게 표시한 그의 기록을 보았는지 아니면 누군가에게 목격담을 들었는지 중국 정부는 그 낙서에 가까운 메모 또는 일기 형식의 보고서 저자로 지목된 누군가를 베이징으로 불러 면담을 요청했다고 한다. 그것은 당연히 일개 외국인 때문에 조성될 불필요한 상황을 완화하고 향후 티베트에 전개할 사업에 닥칠 영향을 가늠하기 위한 필연의 조치였을 것이다. 그는 사태의 엄중함을 감지하고 불응했다. 하지만 영사관 간부의 근엄한 권유와 명령에 가까운 어조에 눌려 그는 나귀를 갈아타며 베이징의 붉은 담장 안으로 들어가야만 했다. 자신의 이름을 밝히지 않은 중국 판공실 주임은 그에게 이렇게 말했다고 한다.

우리 군인들이 우려할 만하게 티베트인들을 학대한다는 소문이 퍼지고 있지만, 그건 사실에 가깝지 않소. 다만 티베트의 지형과 기후가 여기와는 확연한 차이가 있고 그로 인해 우리 군인들이 더러 치매 증상이나 발기부전 심지어는 기형아 출산을 유발하는 상황이 돌출하고 있어 안타깝다는 사실을 먼저 알려주는 바요.

그는 중국 측 판공실 주임의 맥락 없는 논리를 전혀 받아들일 생각이 없었는지 네. 그렇군요. 라고 대답하지 않았다. 그러자 그 판공실 주임은 그를 한동안 노려보다가 중국이 가지고 있는 영향력과 자신의 노련함으로 중국 주재 벨기에 영사관에 직접적으로 연락을 했고 그 결과 영사관 관계자들은 그가 작성한 것으로 보이는 보고서를 보고 한편으로는 모범적이라고 고무할만한 태도라며 칭찬하면서도 다른 한편으로는 어떤 조치도 취하지 않았다. 그러면서도 그의 보고서를 통해 권리를 잃고 박해받는 사람들, 즉 라마들과 티베트 토착민들을 위한 그의 헌신적인 노력에 대해서는 그들도 어느정도 존경심을 갖게 되었지만, 소신이 당나귀처럼 고집스러운 그의 열정에는 고개를 절레절레 흔들 뿐이었다. 아무런 소득이 없자, 내부 토론을 통해 중국 측은 티베트를 위해 활동해온 그의 공적을 기린다는 뜻을 분명히 내세우며 그에게 더 높은 신분을 부여함으로써 사태를 조기에 조정하려고 했다. 그러나 그는 그러한 중국 측의 배려를 협박과 타협으로 간주하고 오히려 평등과 해방이라는 깃발을 내세운 중국의 본성과 근원에 대해 그리고 이로부터 비롯되는 공산당의 사고방식에 점점 더 깊은 관심을 가지게 되었다. 몇 년 뒤 그는 영사관의 도움으로 간신히 인도로 보내졌는데 그는 거기서도 티베트와 비슷한 상황을 발견하고 놀라움을 금치 못한다. 그리고 결국 그는 전쟁과 정복, 지배와 소유, 용서와 화해 즉, 인간의 소유욕과 그로부터 파생되는 심각한 행동의 문제를 자신의 삶과 관련지어 생각하게 되었다. 그의 이름과 행방을 아는 사람은 지금까지 없다.

/
17

영국의 역사학자 제레미 블랙Jeremy Black의 책 〈전쟁은 왜 일어나는가〉[2]에 따르면, 전쟁의 원인은 사회와 국가의 호전성이나 외교 체제의 붕괴와 밀접한 관계가 있음을 주장한다. 또 존 G. 스토신저John G. Stoessinge의 책 〈전쟁의 탄생: 누가 국가를 전쟁으로 이끄는가〉Why Nations Go to War[3]에서는 전쟁에 임하는 대부분 국가 지도자의 자화상이 공통점으로 존재한다는 것을 지적한다. 즉 그들은 단기 결전에서 자신만만하게 완전한 승리를 확신한다는 것이다.

20세기 초 중국과 티베트의 무력 충돌은 위에서 주장한 전쟁 발생의 이유와 목적에 부합하는 측면을 가지고 있다. 1912년부터 1939년 사이 중국과 티베트는 캄 지역에서 세 번의 전쟁을 벌인다. 670년 티베트의 전신인 토번吐蕃과 당唐의 대비천大非川전투 이후[4] 처음으로 부딪히는 전면전으로 볼 수 있다. 캄 지역은 중국 서부 쓰촨 지역에 토대를 둔 티베트 토착 세력들의 근거지다.[5] 전통적으로 티베트인의 거주지역은 위Dbus, 창Tshang, 암도A-mdo, 캄Khams, 아리Ngari 지역으로 구분된다. (아래의 지도 참조) 이 중에서도 캄 지역은 험준한 산악지형으로 중국과 티베트가 경계를 이루는 교계交界지역으로 알려져 있다.

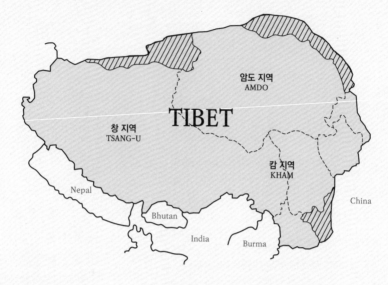

창 지역
TSANG-U

TIBET

암도 지역
AMDO

캄 지역
KHAM

Nepal

Bhutan

India

Burma

China

티베트인의 거주지역

캄 지역에 중국이 군대를 파병한 이유는 크게 두 가지로 볼 수 있다. 첫째는 티베트의 수도인 라싸로 올라가는 중요한 지리적 길목이라는 점이고 또 하나는 쓰촨과 윈난雲南 등지에 광범위하게 포진하고 있는 티베트 토착 세력들과 불교사원을 장악하기 위해서다.[6] 티베트의 지리적 환경은 주변과 격리된 공간으로 형성돼 있다. 평균 해발 4,000m의 고원지대이고 서쪽과 남쪽은 파미르고원과 히말라야산맥이 감싸 안으면서 인도 지역과의 교통을 차단하고 있고, 북쪽은 곤륜崑崙산맥뿐만 아니라 타클라마칸사막과 천산天山산맥이 겹겹이 막아서서 초원지대와의 접근도 쉽지 않다. 따라서 중국이 인도, 네팔, 부탄, 미얀마 등으로 이동하거나 교류하려면 쓰촨과 윈난 지역이 거의 유일하다고 볼 수 있다.[7] 전통적으로 캄 지역은 불교사원들이 촘촘하게 연결망을 구축하고 있고 라마들과 지역 지주들과의 관계가 밀접해서 중국왕조인 원元과 명明은 지방행정관인 토사土司를 임명해 간접 통치할 정도로 규모가 방대했다.

1912~1913년에 발생한 제1차 캄 전쟁은 티베트와 중국의 근대적 개념의 군사적 충돌로 볼 수 있다. 요컨대 조직된 군대와 무기를 가지고 맞붙었던 전투였다. 전쟁의 상황은 처음에는 티베트군이 유리했으나 쓰촨, 깐수甘肅, 윈난 등지에서 연합한 중국군대의 공격을 받아 주요 지역을 다시 빼앗기며 패배를 당하는 것으로 끝이 났다.[8] 이 전쟁은 티베트가 적극적으로 대응한 독립 전쟁의 성격을 띠고 있었는데 당시 13대 달라이 라마, 툽덴 갸초ཐུབ་བསྟན་རྒྱ་མཚོ, 1876~1933의 활약 덕분이었다.[9] 그는 이 기회를 이용하여 티베트 전역에서 중국 세력을 몰아내고 티베트의 정치적 실체를 확보하려고 노력했다. 당시 13대 달라이 라마는 캄 지

역을 보호하기 위해 사원 세력의 반대에도 불구하고 대규모의 군대를 캄 지역에 배치하기도 했다.

1차 캄 전쟁은 영국의 중재로 휴전을 하게 된다. 1913년 10월 6일, 중국과 영국, 티베트는 서로 간의 분명한 입장을 숨긴 채 인도의 심라Shimla에서 조약 체결을 위한 협상에 들어갔다. 당시 중국 대표는 진태범陳胎范과 부대표 왕해평王海平이었고 영국 측은 인도 정부 외무대신 헨리 맥마흔Henry McMahon, 1862~1949과 부대표 주장공사駐中公使 로즈Rose 였으며 고문은 시킴Sikkim주재관 벨Bell이었다. 티베트 측 대표는 윤흠하찰倫欽夏扎과 반각다결班覺多吉이 참여하였다. 협상에서 영국 측의 주장은 다음과 같다.[10]

> 독립을 원하는 티베트 측의 입장과 주국主國의 지위를 요구하는 중국 측의 입장 사이에서 우리는 서장西藏이 중국 통치에는 속하지 않지만, 중국 종주권宗主權에 속하는 나라 임을 인정한다.

그러면서 영국은 내장內藏과 외장外藏이란 명칭을 제기하며 천변川邊지역과 청해靑海 회경會境을 티베트西藏로 편입시키는 것이 마땅하다고 요구했다.[11] 여기에 티베트 대표단은 우리의 영토는 청해는 물론이고 리당里塘, 파당巴塘 등을 포괄하여야 하고 아울러 타전루打箭爐에까지 미쳐야 한다고 호소했다.[12] 영국 대표단은 추가적인 요구 조항도 내놓았다. 즉 중국 정부는 티베트를 중국행성中國行省으로 바꾸지 않을 것임을 약속하고 군대를 파견하지 않으며 문무 관원을 주재시키지 않고 식민殖民사업을 벌이지 않는다[13]는 내용이었다. 중국 측은 반박했다.

영국은 자신들이 숨김없이 내놓은 조항을 가지고 우리 정부를 곤란하게 하는데 그중에서 가장 핵심은 참도를 티베트西藏범위에 편입시키라는 것이다. 또 리탕과 파탕에서 타전루까지의 땅을 내장內藏으로 규정하고 참도 이서를 외장外藏으로 하며 그것도 모자라 부근 천변川邊외 39족을 티베트 땅으로 귀속시키라고 하는데 무슨 권리로 그러는가.[14]

결국 삼자 회담은 부결되었고 1914년 회의가 종결되자마자 13대 달라이 라마는 티베트 군사 개혁의 필요성을 느낀다.[15] 서구식 군대조직과 훈련, 장비와 학교의 건설이 시급하고 장기적으로는 수력발전기나 우체국의 창설도 필요하다고 생각했다.[16] 핵심은 군대의 근대화였다. 13대 달라이 라마는 조직적으로 훈련된 군대가 필요함을 깨달았다. 사원의 라마승과 토착 민병대들로 구성된 병사들로는 중국과의 전쟁에서 이길 수 없음을 알았다. 그는 당시로서는 파격적인 만 명이 넘은 군대를 캄 지역에 전면 배치했다. 구식 총이긴 하지만 영국군으로부터 5천 자루의 총과 수십만 발의 탄약도 보급받았다. 티베트군이 대량으로 얻은 최초의 근대식 무기였다.

1917~1918년에 벌어진 2차 캄 전쟁은 더 치열했는데 이때 티베트군은 이미 영국군으로부터 받은 총으로 훈련하면서 1차 전쟁과는 다른 전략을 구사했다. 덕분에 전쟁 초기에는 기세 좋게 중국군을 밀어붙이고 전략 요충지인 참도와 더거德格지역을 확보하는 성과를 보이기도 했다. 하지만 2차 전쟁도 마분방馬步芳이 이끄는 청해성 군대의 공격을 받아 결국 요충지를 모두 빼앗기고 휴전을 맺게 된다.[17] 당시 티베트군 사령관은 차롱ཚ་རོང이었는데. 그는 2번의 전쟁을 통해 티베트군의 증강이 필요함을 느꼈다. 차롱은 병력을 5,000에서 15,000명으로 늘

1930년대 티베트 군인. 영국으로부터 지원받은 소총을 메고 있다.

려야 한다고 13대 달라이 라마에게 건의한다. 그의 주장에 따르면, 전쟁에는 이성이 없을 뿐만 아니라 불멸의 영혼도 없어서 사병들의 죽음은 넓은 의미에서 보면 아무런 의미가 없고 오직 승리만이 필요하다는 것이었다. 13대 달라이 라마는 1920~1921년 〈재원 조사 사무처〉를 창설한다.[18] 티베트군의 증설과 장비의 보급이 목표였다. 당시 그의 조치는 티베트의 3대 정치세력, 즉 차롱을 중심으로 하는 군 집단과 라싸의 사원들이 연대한 라마 집단 그리고 보수적인 귀족 집단 사이에 우려할 만한 긴장을 불러왔다.[19] 사원을 중심으로 한 라마 집단은 13대 달라이 라마의 군 개혁에 찬성하지 않았다.[20]

1930년 6월, 제3차 캄 전쟁이 발발했다. 이번에도 역시 처음에는 한군漢軍에 승리를 거둠으로써 티베트군은 간체와 나롱까지 점령하는 기세를 보였다. 그러다가 1932년이 되자 티베트군은 다시 후퇴하게 된다. 당시 청해를 통제하고 있던 회교군 장군 마분방이 옥수玉樹지역을 점령하자 티베트군은 심각한 위기에 몰린다. 결국 티베트군은 1932년 10월 8일, 6개 조항의 전장정전협정川藏停戰協定을 체결하고 1933년 4월 10일에 청장화의조약青藏和議條約에 동의한다. 이후 금사강金沙江은 티베트와 중국 국민정부 사이의 분계선이 되어 1950년 10월 인민해방군人民解放軍이 넘을 때까지 유지된다.[21]

마쿤체 배경

마르크스Karl Marx, 1818~1883에 의해 발표된 〈공산당 선언〉1848의 첫머리에는 다음과 같은 구절이 나온다. [22]

이제까지 사회의 모든 역사는 계급 투쟁의 역사다. 자유민과 노예, 세습 귀족과 평민, 남작과 농노, 동업자 조합원과 직인, 요컨대 억압자와 피억압자는 부단히 대립했으며, 때로는 은밀하게 때로는 공공연하게 끊임없이 투쟁을 벌여왔다. 이 투쟁은 항상 전체 사회의 혁명적인 개조로 끝나거나 투쟁 계급들의 공동 몰락으로 귀결되었다.

레닌Renin, 1870~1924에 의하여 체계화된 공산주의는 재산의 공동 소유가 옳다고 주장한다. 또한 생산 수단의 사회화와 무계급 사회를 원한다. 계급 지배의 도구라고 여기는 국가가 철폐되고 생산 수단의 사회화가 실현된 사회 경제 체제에 찬성한다. 한 마디로 공산주의자들이 혐오하는 세상은 빈부의 계층이 고정되어있는 사회구조다. 부와 권력을 늘 소유하는 최상위 집단이 있고 그 집단을 섬기는 또 다른 인간층이 하위에 존재하고 또 그 인간들 아래 최하위층 인간들이 복종하는 구조로 되어 있는 사회에 엄중한 의문을 제기한다. 무엇보다 최상위층에 존재하는 집단이나 계층이 지상의 모든 피조물에 대한 지배권을 행사하는 것을 부정한다. 그건 착취와 핍박의 순환 세상이라고 보았다. 공산당의 깃발을 앞세운 인민해방군이 티베트로 진격한 명분은 여기에 있었다. 그들이 보기에 티베트는 라마들의 세상이었다. 티베트는 종교지도자 즉 달라이 라마와 그를 추존하는 라마들이 절대적인 권력을 행사하고 있었는데 그들이 설파하는 진리와 평등의 이유와 근거는 설득력이 부족하다고 보았다. 티베트에서 인간의 신분은 탄생과 더불어 고정된 것이었다. 환생輪生이라는 불교 논리로 다시 태어남을 통해 신분이나 계층이 바뀔 수도 있었지만 그건 소수에 해당하는 어찌 보면 불가능한 일이었다. 하지만 라마들은 논리보다는 절대적인 신앙의 몰입만이 살 수 있는 길이며 그것이 인간의 자질 중에서 가장 핵심적이고 의미 있는 능력이라고 생각했다. 이러한 사상의 궁극적인 개요를 완성한 곳이 불교사원이었고 그곳에는 신성한 존재 달라이 라마가 있었다. 서양의 예수에 버금가는 신적인 존재로 간주 되었으며 이성이 없는 동물과 식물에까지 자신만의 종교적 계명을 확대 적용하는 인물로 평가되었다. 중국은 그런 티베트 사회가 바람직하지 않다고 보았다.

공산주의를 신뢰하던 모택동毛澤東, 1893~1976은 국공내전1927~1949에서 승리하자 티베트로 시선을 돌렸다. 1950년 10월 7일 장국화張國華가 지휘하는 인민해방군 제18군이 진사강金沙江을 건너 티베트로 진입했다. 티베트군은 전투 경험이 없는 승병에 가까웠고 전체 병력은 최대 1만도 되지 않았다. 라마들과 민병대가 모였지만 군대라고 보기는 어려웠다. 이에 비해 중공군은 중일전쟁1937~1945과 국공내전을 경험한 전사들로 구성되어 있었다. 인민해방군은 약 4만의 병력으로 티베트 동쪽에서 세 갈래로 동시에 진군했다. 이에 맞서는 티베트군은 의용군을 포함한 약 8천 명 정도가 전부였다. 당시 지휘관은 아페이 아왕진메이阿沛 阿旺晉美였다. 전투는 10월 19일 하루 만에 끝났는데 중국군 사상자는 114명, 티베트군 사상자는 3,000명에 달했다. 당시 국제사회의 관심은 한국 전쟁에 쏠려 있었기 때문에 티베트 문제는 외면당했다. 미국은 소련을 견제하는 데에만 열중하고 있었고 영국은 1950년 1월 인도가 독립한 후 더이상 티베트에 관심을 두지 않았으며, 인도는 중국과 우호 관계였고 파키스탄과의 분쟁으로 정신이 없었다. 사태의 심각성을 파악한 14대 달라이 라마는 1951년 4월, 아페아왕푸메를 단장으로 하는 대표단 5명에게 협상의 권한을 주어 베이징으로 파견했다. 티베트의 공식 입장을 전하고 중국 정부 의견을 들어본 후 중대한 사항에 대해서는 달라이 라마의 지시를 따르도록 하는 것이었다. 중국 대표단은 리웨이한李维汉, 1896~1984이 수석 대표로 4명이 참석하였다. 1951년 4월 29일부터 5월 21일까지 네 차례에 걸쳐 회담이 진행되면서 중국 측은 일방적으로 작성한 조약 17조 평화 협정서에 대해 서명할 것을 강요했다. 5월 27일, 중국 정부는 〈티베트 평화해방을 위한 17조 협의 사항〉中央人民政府和西藏地方政府关于和平解放西藏办法的协议이 합의됐다고 공포한다.

티베트 해방에 관한 협의 17조 전문

1. 티베트 인민은 단결하여 티베트에서 제국주의 침략 세력을 몰아낸다. 티베트 인민은 모국인 중화인민공화국의 가족 안으로 돌아온다.

2. 티베트 현지 정부는 인민해방군이 티베트에 들어가 국방을 강화하도록 적극적으로 협조한다.

3. 중국인민정치자문위원회 공동 강령에 기재된 민족주의 정책에 따라, 티베트 인민은 인민중앙정부의 중앙정부의 통합적 주도 아래 민족적, 지역적 자치를 행사할 권리가 있다.

4. 중앙정부 당국은 티베트의 현재 정치체제를 바꾸지 않을 것이다. 또한 중앙정부 당국은 달라이 라마의 현재 지위와 역할, 그리고 권한을 변경하지 않을 것이다. 다양한 직급의 관리들이 평상시 직위를 유지할 것이다.

5. 판첸 라마의 현재 지위와 역할, 그리고 권한은 그대로 유지된다.

6. 달라이 라마와 판첸 라마의 현재 지위와 역할, 그리고 권한은 13대 달라이 라마와 9대 판첸 라마가 상호 우호적인 관계를 유지할 때의 지위, 역할, 권한을 의미한다.

7. 중국인민정치자문위원회 공동 강령에 기재된 종교적 자유의 정책은 이행될 것이다. 종교적 신앙, 티베트 인민의 전통과 관습은 존중받을 것이며, 불교사원들은 보호받을 것이다. 중앙당국은 사원 재원에 손대지 않을 것이다.

8. 티베트군대는 단계적으로 인민해방군내에 편입된다.

9. 티베트 민족 교육과 구어와 문어는 티베트의 현실 상황에 맞추어 단계적으로 발전시킬 것이다.

10. 티베트의 농업, 가축 사육, 산업과 상업은 단계적으로 발전시킬 것이며, 인민의 생계 수단도 티베트의 현실 상황에 맞추어 단계적으로 개선 시킬 것이다.

티베트 배경

11. 티베트에서 행할 다양한 개혁과 관련해서, 중앙정부 당국의 강제는 전혀 없을 것이다.

12. 과거 친제국주의 혹은 친국민당 인사의 경우, 그들이 제국주의와 국민당과의 관계를 결연히 청산하고 파업이나 저항에 참여하지 않는다면, 과거와 관계없이 지위를 유지해도 좋다.

13. 티베트에 진입하는 인민해방군은 위에서 언급한 정책을 모두 준수할 것이며, 물건을 사고파는데 정당한 거래를 하고 인민에게 속한 바늘 하나, 실 한 타래라도 독단적으로 빼앗지 않을 것이다.

14. 중앙인민정부는 티베트 지역의 모든 대외문제를 책임질 것이다. 인접국과는 평화적으로 공존할 것이며, 평등, 상호이익, 영토와 주권에 대한 상호존중을 바탕으로 공정한 통상 관계를 수립하고 발전시킬 것이다.

15. 협의안 이행을 보증하기 위해, 중앙인민정부는 티베트에 군사와 행정위원회, 군사지역 본부를 설치할 것이며, 중앙인민정부에서 파견한 인사 이외에도 가능한 한 많은 현지 티베트인이 업무에 참여하도록 할 것이다.

16. 군사와 행정위원회, 군사지역 본부, 티베트 주재 인민해방군에 들어가는 자금은 중앙인민정부에서 책임질 것이다. 다만 티베트 현지 정부는 인민해방군이 식량과 사료, 그 외 생필품과 운송하는 일을 도와야 한다.

17. 이 협의안은 서명과 날인이 끝나는 즉시 효력을 발휘한다.

14대 달라이 라마, 텐진갸쵸는 자신이 동의하지 않은 협정조항의 공표에 충격을 받았지만 판첸 라마는 5월 30일 중국 정부의 지도하에 티베트 정부에 협력한다고 표명했다. 7월이 되자, 라싸 주둔 중국군 사령관인 장징우張経武는 달라이 라마가 은신하고 있던 티베트 국경지대인 야동亜东으로 찾아가 다음과 같이 말한다. [23]

> 티베트는 위계질서가 극심한 빈부의 구조를 형성하고 있다. 생산에 관한 노동을 하지 않으며 사원에서 수양만 일삼는 라마와 그들이 추앙하는 활불活佛들은 이유 없이 존중과 우대를 받고 있으며 많은 물질을 소유하고 있다. 유목민이나 농민들은 자신들의 처지 개선을 요구할 줄 모르며 그저 사원과 라마들을 믿고 따를 뿐이다. 같은 민족으로서 우리는 그들에게 선의와 평등이 무엇인가를 알려주려고 한다. 티베트 민족을 우리의 형제나 자매처럼 여기기 때문이다.

이때, 인간이 자신을 다른 피조물보다 우위에 두는 사고방식은 상상력의 결핍에서 비롯된 것이고 그것이야말로 정신의 한계가 빚어낸 일종의 미신으로 간주한 미국이 달라이 라마 14세와 접촉한다. 중국이 주장하는 17개 협정의 무효를 공표하라는 것이었다. 하지만 달라이 라마는 미국의 요청을 거부하고 중국이 마련한 협정에 기초한 개혁에 동참한다. 10월 24일, 달라이 라마 14세는 〈협정을 승인하며 인민 해방군의 진주를 지지한다〉라는 편지를 북경에 보냄으로써 중국에 항복한다.

33

여여

필자는 2014년 베이징대학 국제관계학원에서 티베트학을 연구하는 장**교수와 인터뷰를 진행한 적이 있다.[24]

필 자: 중국 측에서 바라보는 티베트는 어떤 실체인가요?

장**: 만인의 평등을 보장하는 기본원칙이란 결국 공평한 이익을 추구하는 전제에서 출발하는 것이오. 따라서 평등의 원칙은 일종의 도덕적 토대로서 다른 인간과의 관계에서뿐만 아니마 인종, 종족, 민족으로까지 확장되어야 하오. 그런데 티베트에서는 선생님이라는 의미를 부여받은 라마와 그들이 추앙하는 달라이 라마라는 신성한 존재는 자신들만의 보금자리 즉 불교사원을 곳곳에 만들어 낙원의 근거지를 구축하지 않았소. 물론 사원은 고립되고 따분한 공간에서 성장하며 살아가는 티베트인들에게 정서적으로 위안과 치유의 기운을 제공하기도 할게요. 하지만 사람들은 법과 평등, 분배와 자유를 경험해보지 못했기 때문에 라마들이 제안하는 보이지 않는 신념과 철학을 아무런 저항 없이 받아들이오. 우리가 티베트 사회를 비판하고 안쓰럽게 바라보는 이유는 바로 여기에 있소. 비록 군대와 병사를 동원하여 무력적으로 제압하더라도 그것이 같은 민족인 티베트인들을 위한 우리의 책임이며 의무요. 그것이 윤리적이며 도덕적인 양심이란 말이요. 비록 전쟁을 통한 살상이 있더라도 결과적으로는 소수만을 위한 낙원을 해체하는 일이 평등의 첫 단계란 말이지.

장**교수 외에도 티베트를 연구하는 중국 쪽의 학자들은 자신의 저서나 칼럼 혹은 학문적 방법론, 사회적 관계망에서 비슷한 논조를 주장하거나 호소한다. 민족차별이나 계급 또는 계층의 불균형 문제를 중요한 도덕적, 정치적 사안으로 여기는 사람이라면 누구나 그들의 의견에 동조하거나 동의할 수 있을 것이다. 그런 식의 차별이 도덕적 해악이라는 건 의심할 여지가 없기 때문이다.

낙원의 몰락: 티베트 이전의 샹그릴라

장＊＊교수와 인터뷰를 마치고 필자는 라싸 서장西藏대학의 ＊＊＊＊[25] 교수와 인터뷰를 진행했다.

필자: 중국 쪽에서는 티베트의 사회구조와 전통에 대해서 점진적인 변화를 요구하고 있습니다. 어떻게 생각하시나요?

＊＊＊＊교수 : 사람들이 나와 같은 종교, 철학, 신념, 음식, 복장, 언어를 구사하지 않는다는 사실만으로 그들을 마음대로 정복하거나 소유의 자격이 주어지는 것이, 아니라는 점을 말하고 싶습니다. 티베트불교에서는 연민과 이타利他라는 감정을 중시합니다. 이것은 이성의 합리성과 아무 관련이 없는 특별하고 예외적인 범주로서, 고통과 즐거움을 느끼고 육체적 정신적으로 세상에 동참할 수 있는 감수성을 통해 설명됩니다. 우리는 한 번도 우리가 사는 땅이 낙원이거나 샹그릴라로 생각한 적이 없습니다. 그 단어나 개념이 주는 의미를 학습한 적도 없으며 그것에 대해 따로 고민한 적도 없고 설명을 들은 적도 없습니다.

우리는 외부의 간섭과 개입만 없다면 우리가 사는 세상은 어디에도 비교할 곳 없는 안정되고 평화로운 세상이라고 생각합니다. 밖을 알지 못하면 안은 언제나 비교 대상이 없는 만족스러운 공간이 될 수 있기 때문입니다. 그러므로 우리가 중요시하는 문제는 외부의 시선이나 동정이 아니고 또한 외부에서 주장하는 자의식이나 평등의 개념을 이해하는 것이 아니라 스스로가 느끼는 고통이 있는가 없는가에 달려 있습니다. 낙원은 외부에서 본 시선일 뿐, 우리에게는 정작 그러한 개념이나 감정이 없습니다.

이곳에서 중요한 것은 수행을 통해 타인을 자기 자신처럼 바라보는 것입니다. 나를 타인과 구분하는 경계는 평등을 착각하는 것입니다. 당신에게 일어나는 모든 일은 그것이 무엇이든 내게도 일어나고 있다고 생각합니다. 그러므로 타인의 고통이란 존재하지 않습니다. 인간이 자의적으로 구축한 평등이란 개념은 나와 다른 사람들, 나아가 민족과 민족 간의 틈만 벌려 놓을 뿐입니다. 세상은 선하게 창조되지 않았기에 결국 세상의 바탕을 이루는 것은 고통입니다. 그러므로 그 고통의 바다에서 나오는 유일한 방법은 영적 수양을 통한 타인의 고통을 공감하는 것뿐입니다. 인간을 인간답게 만들어주는 것은 인간이 창출해낸 자유나 평등의 개념이 아니고 공정하고 정의로운 행동입니다.

그는 티베트불교에서는 자신과 타자를 나누는 가장 간단하면서도 잔인한 구분법에 동의하지 않는다고 말했다. 즉 자신들의 의지와 상관없이 자신들과 동일시하려는 압박은 평등보다는 사냥에 가깝다는 것이다. 가치 있는 동물을 사냥하고 평가하고 측정해서 도축장으로 넘어가는 사냥 말이다. 그래서 티베트는 전쟁과 살생을 극도로 반대한다고 했다. 전쟁은 타인의 존재에 대한 정당성을 수긍하도록 만들기 위한 도구에 불과하며 끔찍한 상황이나 범죄에 익숙하게 만드는 게 얼마나 간단한 일인지를 적나라하게 보여주는 악에 가깝다고 했다.

이곳에서는 타인의 고통을 중요시합니다. 만약 자신을 버린다면 자신과 상반된 존재가 되어 볼 유일한 기회를 얻게 될 것입니다. 그러면 타자 또한 포용하고 이해할 수 있는 대상이 됩니다. 그럼 타자는 낯선 존재이길 멈추고 자신의 것도, 타자의 것도 없게 됩니다. 우리는 모두 우리 자신이므로 다른 사람들에게 악행을 저지르는 것이 결국 자신에게 악을 행하는 것이라고 생각합니다. 인간은 모두 자신의 이성을 활용할 줄 알고, 성찰하고 반성할 줄 아는 힘을 가지고 있습니다. 하지만 사람마다 세상을 경험하거나 서로 다른 환경에서 성장했으므로 서로 다른 수준으로 받아들일 수 있음을 인정해야 합니다. 윤리의 감수성은 훈련으로 연마할 수 있다고 생각합니다. 정직한 양심은 훈련과 습관으로 바로 잡을 수 있다는 것입니다. 라마들은 그것을 사원에서 수양합니다.

당연하지만, 양자(북경대와 서장대학의 교수)의 입장과 태도는 철저히 주관적이다. 그건 감정이 들어갔기 때문이며 그들의 견해를 그 자신과 분리해서 생각하는 일이 불가능하기 때문일 것이다. 개인의 확신이건 집단의 판단이건 그건 모두 해당 인물의 세상과의 관계나 감정, 지식과 행동 등을 충분히 종합하여 그가 어떤 사람인지 총체적으로 파악할 필요가 있다. 따라서 개인의 견해를 밝히기 위한 표현방식은 최대한 객관화 하려고 애쓰는, 하지만 객관화는 불가능한 다분히 주관적이고 감성적이 될수 밖에 없다. 결국 인간이 대상을 바라보는 관점과 판단은 개인적이며 감상적이면서 분개하는 마음이나 동의를 희망하는 표명일 뿐이다.

◆◆◆◆◆

1913년을 전후로 티베트는 중요한 전환점을 맞이한다. 그 이전의 시기까지 티베트는 중국과 정치적, 역사적 실체를 놓고 끊임없는 공방전이 벌어졌지만 확실하고 선명한 규정이나 합법적인 논의는 없었던 것으로 보인다. 하지만 1913년은 국제사회에서나 티베트 내부에서 자치自治 또는 독립獨立적 지위에 대한 합법성을 인정하는 분위가 고조된 시기였다. 영국이 인도에서 심라 회의를 적극적으로 추진한 것도 이유가 될 수 있을 것이다. 당시만 해도 티베트는 중국과는 전혀 다른 정치적 실체인 라마 왕국으로 존재하고 있었고 그 연장의 선상에서 13대 달라이 라마는 독립을 준비하고 있었다. 그가 티베트 최초의 국기인 설산사자기雪山獅子旗를 제작하고 근대화된 군대를 준비하던 시기도 이때였다.

불국佛國이라 불리었던 라마들의 왕국은 19세기 서구 열강의 침입과 20세기 초, 대륙의 국공내전1927~1949을 거치며 붕괴의 조짐을 보이기 시작한다. 국제적인 협력관계를 맺지 못하고 사원 내부의 내홍과 일부 활불의 타락과 부패가 곁들어지면서 라마 왕국은 흔들리기 시작했다. 독립의 기회는 있던 것으로 보인다. 13대 달라이 라마가 추진한 군사 개혁과 국제 관계 개선이 이루어졌다면 또 사원 세력이 호응했더라면 라마 왕국은 좀 더 버텼을지도 모를 일이다. 하지만 불교사원의 흥성, 라마 집단의 권력에 대한 집착과 부패 그리고 연대하던 귀족 세력과의 마찰, 어린 14대 달라이 라마의 인도 망명 등으로 라마 왕국은 무너질 수밖에 없었다.

본서는 중국이 라마 왕국이라고 간주한 근대 이전의 티베트를 추적하고자 한다. 왜, 라마 왕국이라고 불리었는지, 어떤 요소가 어떤 기능을 했는지 살펴보면서 탄생과 흥성, 붕괴와 몰락의 이유를 찾아보고자 한다. 여기서 말하는 몰락이란 쇠하여 보잘것없이 되는 것, 이라는 사전적 의미를 포함하여 다음과 같은 광의의 함의를 가진다. 요컨대 티베트고원의 산과 강이 중국의 영토 안으로 확연하게 편입된 시공간을 말하며 티베트 토착 세력들의 고유한 신앙이나 언어, 정체성의 혼란을 의미한다.

내용은 1911~1959년 사이 중국과 티베트 간에 발생했던 사건과 관계에 집중하면서 당시 라마 왕국 몰락의 이유를 심층적으로 확인할 것이다. 예를 들면 신해혁명1911, 세 차례의 캄 전쟁, 삼민주의, 국공내전, 세계대전, 공산당의 승리, 13대 달라이 라마의 군사 개혁과 임종1933, 심라 회의1913, 라싸 조약1904, 17조 협의1951 및 14대 달라이 라마의 인도 망명1959으로 이어지는 사건과 사고를 추적하면서 몰락과 어떤 인과因果가 있는지 살펴보고자 한다.

언제나 그렇지만 티베트에 관한 서술은 민감하고 예민한 정치적, 안보적, 영토적, 국경적 문제를 내포하고 있어서 누구나 인정할만한 객관적인 사실을 바탕으로 서술해야 한다는 집착과 압박이 있다. 유치하거나 우쓰광스러운 책이라도 시장에서 유통되고 소수라도 독자들의 손에 들어가게 되면, 원하든 원치 않든, 의식적이든 무의식적이든 세상에 대한 어떤 지향점이 형성되고, 어떤 식의 기분이나 태도들이 드러나게 되기 때문이다. 그건 엄밀히 말하자면 정치적 입장이라고도 할 수 있을 것이다. 살벌한 역사 이야기도, 애절한 사랑 이야기도, 심지어 시詩조차도 결국에는 어느 방향에 서서 서술자의 이야기가 펼쳐지기 때문이다. 따라서 미리 밝혀둘 점은 국제사회에서 필요에 따라 언급하고 있는 티베트의 역사적 지위 또는 정치적 실체는 책에서 언급하지 않기로 한다. 거기에는 중국, 대만, 영국, 미국 등이 직간접적으로 연계돼 있고 어쩔 수 없이 그들의 관점이 투영되기 때문이다. 책의 주요 관심사는 정치나 종교에 편재하지 않는 라마 왕국의 흥성과 몰락의 원인과 이유를 찾고자 하는 것이다. 책을 쓴 이유다.

བཀྲ་ཤིས།
발견

낙원에 대한 소문

동서양을 막론하고 사람들은 이상향을 상상하며 그리워했다. 그곳은 시대와 사람들에 따라서, 샹그릴라, 유토피아, 낙원, 무릉도원, 천국 등으로 불리었는데 20세기 초, 중국을 여행하던 사람들은 그 비슷한 공간을 찾아냈다고 떠들었다. 설산을 배경으로 하는 선명한 자연, 투명한 호수와 질주하는 동물, 땅은 비옥하고 과일과 식물이 풍족한 그곳에서 늙지 않는 사람들이 동굴 속에서 모여 산다고 했다. 소설 〈잃어버린 지평선〉 Lost Horizon, 1933[26]에서는 그런 이상향의 구조가 나온다. 세상과 격리된 공간, 그곳에는 조금의 사람들이 살고 있다. 그곳은 산소가 부족해 입을 크게 벌리지 않아도 되고 물도 부족함이 없으며 무엇보다 사람들이 늙지 않는 신비로운 공간이었다. 부족한 게 없고 죽을 걱정이 없으니 다툼과 경쟁도 없다. 고통과 불안도 생기지 않는다. 표정과 목소리도 비슷하다. 성냄과 질투가 없으니 감정의 기복도 없다. 하지만 어쩌다 밖을 나오게 되면 입구를 다시 찾을 수 없고 그동안 비껴갔던 시간이 한꺼번에 찾아와 금방 죽게 된다. 놀라운 건 그곳은 입구도 출구도 없다는 것이었다. 낙원이라고 여겨진 그곳에서 나온 여행자가 사람들에게 전한 이야기는 이렇다.

일만 년 전 바다에는 거대한 산과 산맥들이 잠겨있었다. 어느 날 천둥과 번개가 치고 대륙판이 격렬하게 부딪치더니 심연에 잠들어 있던 산들이 솟구쳐 올랐다. 티베트고원은 그렇게 형성되었다. 설산과 빙하, 숲과 나무들이 땅을 덮었다. 숲은 수천 년 동안 스스로와 경쟁하듯 한층 한층 높아지더니 설산을 넘어 하늘과 가까워졌다. 만일 최초의 설인雪人이 등장하지 않았다면, 또한 자신의 출생을 두려워하는 종

특유의 공포에 사로잡혀 숲을 밀어내지 않았더라면, 하늘은 치솟은 나무들에게 뚫렸을지도 모를 일이었다.

그곳을 지나가던 여행자가 물었다.

이곳은 어디인가요?

모르오. 밭을 갈던 농부가 대답했다.

그럼, 당신들은 누구인가요?

우리는 뵈Bod 또는 뵈율Bod yul이라 하오.

이곳은 낙원인가요?

낙원이 뭐요?

근심 걱정 없는 공간입니다.

그건 모르겠소. 다만 이곳은 강종Gangs Jongs이나 최댄싱Chos Idan Zhing이라 부를 만하오.

그건 무슨 말인가요?

깨끗한 눈이 내리는 땅 또는 불법을 지닌 땅이라 말할 수 있소.

오래전부터 사람들은 먹을 것이 무한히 제공되는, 그러므로 경쟁과 다툼이 필요 없는, 고통과 아픔이라는 감정이 도무지 생기지 않는, 현실과 동떨어진 세상을 동경하며 찾아다녔다. 꿈과 같은 그런 모호한 상상은 전쟁, 기근, 가뭄, 홍수, 전염병, 메뚜기 떼의 출현, 쥐들의 움직임, 회오리의 강타 등으로 두려움과 당혹감이 심할수록 더 강렬했다. 전쟁이나 질병, 시간의 흐름이나 몸의 쇠락을 염려하지 않아도 되는 그런 장소는 어디 있을까? 누군가는 찾았다고 했고 또 누군가는 다녀왔다고 했다. 어떤 자들은 정말 무언가를 목격한 것처럼 떠들어댔다. 그곳은 보들보들한 공기로 가득 차 있었고, 온화한 계절과 동물의 소리가 울리는 곳이었고, 폭포는 우아하게 낙하했고, 그곳에서 세상

낙원의 몰락: 티베트 이전의 샹그릴라

의 모든 물이 흘러나온다고 했다. 또한 그곳은 합리성과 정당성을 따지는 곳이 아니라 마음과 직관을 존중하는 곳이고 헛소리나 지껄이며 자기가 아는 이상으로 과시하고 뽐내는 것이 아니라 조용하게 타인을 인정해주는 곳이라고, 과도한 세금이나 벌이 집행되는 곳이 아니고 개인의 자유와 주장을 지지해주는 곳이라고 했다. 그래서 온종일 우쭐대는 뿔닭을 쫓아 산책만 해도 기분이 좋아지고 무엇보다 그곳에서 만난 사람들의 피부나 얼굴은 누구나 아이 같다고 했다. 신기한 것은 그곳에서 머무르는 동안은 정신이 말랑말랑해지는 느낌이 들었고 팔과 다리도 경쾌하게 허공을 가로지르는 기분이었다고 했다. 사람들은 그 말을 듣고 그곳이 어디냐고 물었지만 다녀온 사람들은 하나같이 모르겠다고 대답했다. 그곳의 사람들은 생각이 나지만 입구와 출구는 도무지 기억이 나지 않는다고 했다. 단지 작별할 때, 그들이 두 팔을 활짝 펴 안아주거나 흠잡을 데 없이 다정한 표정으로 쳐다본 순간은 기억이 난다고 했다. 그곳을 다녀온 여행자는 이렇게 전했다.

내가 눈을 떴을 때, 나는 따뜻하게 느껴지는 동굴에 누워있었다. 내가 머리를 쥐며 일어나 앉아 주위를 돌아보자 곰처럼 거대한 사람들이 보였다. 그들은 동굴을 집처럼 여기며 사는 인간들이었다. 내가 날을 그들과 함께 지내보니 알게 되었다. 그들의 피부는 근육이나 뼈처럼 거칠고 단단했고, 머리카락과 치아는 튼튼하고, 손바닥과 발바닥은 곰의 그것과 비슷했다. 그들의 몸은 갑옷처럼 단단하고 강렬한 태양도 뚫지 못할 정도였다. 겉으로 보기에 그들은 강인하고 건강해 보였다. 하지만 그들은 먹는 양은 많지 않아서 몸속에 공간이 많아 보였다. 그래서인지 그들이 보고 듣는 것은 모두 몸 안에서 종소리처럼 여기저기를 움직이며

서구인들은 티베트를 낙원이라고 상상하고 동경했지만 실제로 경험한 자들에 따르면 그곳은
목숨을 내 놓아야 하는 궁벽한 외지였다

티베트를 찾아간 서구의 탐험가들은 사람들의 행색을 보고 거지라고 표현하기도 했다.

낙원의 몰락: 티베트 이전의 샹그릴라

메아리치는 듯했다. 무엇보다도 그들은 기억력이 좋았다. 한번 보고 들은 것은 좀처럼 잊지 않았다. 그들은 자신들이 지내 온 거의 모든 관계들을, 모든 음식의 맛을, 모든 동물과 식물 심지어 지렁이의 냄새까지도 기억했다. 내가 물었더니 억지로 하는 것이 아니라고 대답했다. 그들은 넓은 초원에서 홀로 지내도 우울하거나 심란해하지 않는다고 했다. 말이 없는 호수, 바위, 바람, 구름, 흙, 공기, 구름을 친구로 대하기 때문이라고 했다. 그들은 방향을 알 수 없는 초원이나 광야에서도 이정표 따위를 필요로 하지 않는다고 했다. 왜냐하면 그들은 무언가가 시작되고 끝나는 것들에 관심이 없기 때문이라고 했다.

여행자

이곳은 어디인가요?

설인

모르오. 우리도 여기가 어디인지 알지 못하오.

여행자

그럼, 당신들은 밖의 세상에 대해 알고 있나요?

설인

모르오. 알 필요가 없기 때문이오.

여행자

그럼, 이곳에서 중요한 것은 무언인가요?

설인

시간이오.

여행자

시간이요?

설인

그렇소. 이곳에서는 시간의 흐름으로 인한 몸의 노화가 없소. 몸과 육체에 대한 질병이 없소. 그래서 몸에 대한 욕망이 생기지 않는 곳이오. 몸이 얼마나 소중하며 동시에 불완전한 덩어리인지 당신도 잘 알 것이오. 밖에서는 시간이 지나면 몸의 노화와 죽음이 기다리고 있지만, 이곳에서는 영원하오. 뚱뚱한 몸, 젊은 몸, 나이 들어 축 처진 몸, 아무런 상관이 없소. 그 사람이 얼마나 똑똑하건, 바보이건 중요하지 않소. 이곳에서는 몸과 물질이 아무런 영향력을 발휘하지 못하오. 이곳에서는 두려움과 열망도 생기지 않소. 결핍과 부족이 없기 때문이오. 이곳에서는 감정과 공감만이 소중하오. 음악이나 춤, 노래나 포옹 말이오. 말이나 경험 없이도 이해될 수 있는, 표정만으로도 알 수 있는 그런 것들 말이오. 이곳에서는 재능이나 노력이 발휘되지 않소. 창작과 희열에 대한 욕구가 생기지 않기 때문이오. 하지만 그게 없다고 우리는 일상이 비극이라고 생각하지 않소. 죄책감이나 모욕감이 드는 관계가 아니기 때문이오. 오직 공감과 연민의 감정만이 있을 뿐이오. 타인을 자신처럼 바라보는 마음이 중요하오. 이곳에서 사는 사람들은 타인에게 일어나는 모든 일은 그것이 무엇이든 나에게도 일어날 수 있다고 믿소. 그래서 우리는 동물이나 식물과도 경계를 두지 않소. 이것이 이곳에서 우리가 살아가는 방식이오. 우리는 무언가를 사냥하거나 평가하지도 않소. 사육하거나 도축하지도 않소. 모두가 평등하기 때문이오. 이곳은 그런 곳이오.

언제부터인가 사람들은 누군가가 남긴 책이나 그림, 전기나 여행기를 읽고 티베트를 낙원에 가까운 동경의 대상으로 삼았다. 전파된 소문에 의하면 티베트는 험악하기도 했고 신비롭기도 했다. 한번은 티베트의 성산, 카일라스 정상에 낙원이 있다는 소문을 들은 순례자가 그곳을 찾아갔다.²⁷ 날이 어두워지자 순례자는 산 아래서 잠을 잤다. 꿈을 꾸었다. 꿈은 언제나 그러듯이 알 수 없는 사람들이 불쑥 뛰쳐나와 나와서 생동적으로 어디론가 움직였다. 누워있거나 정지된 사람은 없고 구체적이거나 명확한 것도 없이 모호하다. 꿈은 언제나 과거가 없이 현재였다. 순례자가 꿈 속에서 꿈의 특징을 헤아리고 있을때, 그윽한 표정의 노인이 나타나 물었다.

내가 너의 몸으로 들어가려고 하는데?

순례자는 꿈이라고 간주하고 얼굴을 돌려 외면했다.
그러자 노인이 입술을 내밀며 말했다.

너의 입을 통해 몸속으로 들어가려고 해.
왜, 입이죠?
입이 제일 큰 구멍이기 때문이지.

그 말을 듣자 순례자는 고개를 반대편으로 돌렸다. 그러자 노인은 허공으로 붕 떠올라 그의 머리 위에서 빙글빙글 돌기 시작했다. 지팡이도 없이 노인은 잘도 돌았다. 순례자는 머리 위에서 이상한 소리를 들었다. 소리는 느닷없이, 물결처럼, 다양한 모습으로 나타났다가 사라졌다. 바람 소리일지도 모른다고 생각했다. 좋지도 나쁘지도 않은 처음 듣는 소리였다. 가만히 들어보니 바람 소리는 아니었다. 이 소리는 뭐지? 순례자는 뛰뛰기도 해보고 손바닥을 비벼보기도 몸을 찬 바닥에 대고 뒹굴어보기도 심지어 욕을 해보기도 했지만 그래도 그 소리는 떠나지 않았다. 무례한 노인은 여전히 허공에서 자신을 내려다

보고 있는 느낌이 들었다. 순례자는 꿈속이지만 눈을 감았다. 아무것
도 보이지 않으면 소리도 사라질 것 같았다. 그리고 두 다리를 배 쪽
으로 끌어안으며 생각했다. 이건, 아무래도 처음 듣는 소리였다. 한
번도 이런 소리는 들어본 적이 없었다. 이 소리는 사물의 특성이 없으
며, 어떤 물체의 근원도 아니었다. 그때 머리 위에서 돌고 있던 노인
이 순례자의 눈앞으로 내려오더니 말했다.

내가 너의 눈으로 들어가는 건 어때?
왜, 눈으로 바뀌었죠? 순례자는 물었다.
눈은 구멍이 두 개라 들어가기가 수월하기 때문이지.

순례자는 눈을 감은 채 손을 들어 휘저었다. 노인을 보내려는 동작
이었다. 그때 갑자기 자신의 몸이 풍선처럼 떠 오르는 느낌이 들었다.
순례자는 이상한 기분이 들었다. 눈을 떠 아래를 내려다보니 자신의
몸은 호수 옆 모래 위에서 몸을 오므린 채로 누워있었는데 그 속에 자
신이 없다는 것을 알아차리지 못한 듯 입술을 삐죽이고 있었다. 그
때 순례자는 마음을 먹고 두 팔을 뻗으면 몸이 원하는 방향으로 나아
갈 수 있을 거라는 기분이 들었다. 두 팔을 앞으로 쭉 뻗자 신기하게
도 몸은 더 높이 올라가 위에서 호수와 그 너머의 수평선을 보여주었
다. 신기해서 양팔을 휘저었다. 그러자 몸은 더 떠올라 훨씬 더 높은
곳에서 세상을 볼 수 있었다. 좀 더 높은 곳에서 바라보는 풍경은 좀
이상했다. 그곳은 약간 볼록하고 어두웠으며, 빛이 존재했지만 커다
란 검은 벽에 가려져 있었다. 그때 갑자기 사라졌던 노인이 나타나 검
은 장벽을 향해 입김을 부니 그곳이 허물어지면서 커다란 태양이 떠

올랐다. 태양의 빛은 너무 밝아 눈이 멀 지경이었다. 혹시 저기가 낙원인가? 신은 저곳에 사는 것이 아닐까? 그때 태양 쪽에서 퍼지는 목소리가 들려왔다.

이제 가야 할 시간이야.

순례자는 문득 자신은 이미 죽었는지도 모른다는 생각이 들었다. 몸이 스스로 태양의 빛 속으로 빨려 들어가고 있었기 때문이다. 어떤 기분을 느껴보려 했지만, 빛 속에서의 상태는 처음이어서 쉽지 않았다. 그 사이 순례자는 빛의 통로를 나와 어떤 장소로 옮겨졌다. 그곳은 잠자는 사람들의 세상이었다. 사람들은 대부분 누워 자고 있었으며 천사로 보이는 예쁜 형체만이 날개를 움직이며 허공에 떠 있었다. 그리고 두려움에 떠는 나무들이 보였는데 점차 가느다란 공기 속에서 그 나무들은 윤곽이 희미해지고 있었다. 사라졌던 태양이 또 나타나더니 밝고 뜨거운 기운으로 대지를 비추기 시작했다. 거대한 성산, 대지와 우주를 연결하는 하나의 기둥, 카일라스가 녹기 시작했으며, 초원에서는 풀들이 불타오르기 시작했고, 양과 야크는 어디론가 성급히 이동하기 시작했다. 호수의 물이 부글거리며 끓어올랐는데 어떤 할머니가 지팡이를 짚고 황급히 자리를 떠나는 모습이 보였다. 그사이 숨어있던 동물들도 나와 뛰기 시작했는데 사람들은 여전히 잠에서 깨어나지 못했다. 태양이 부풀어 오르고 뿜어져 나오는 불길이 거대해지자 길은 갈라졌고 식물들은 부드러움을 잃고 쓰러졌다.

51

순례자는 혼잣말로 중얼거리다가 힘을 다해 머리를 흔들었고 손뼉을 연이어 쳤다. 눈이 떠졌다.

다음 날 오후, 순례자는 카일라스 입구로 짐작되는 희미한 틈을 발견했다. 작은 구멍이라고 할 수 있는 틈에 그는 눈알을 갖다 댔다. 순간 몸이 크게 휘청했는데 그건 몸을 옥죄고 숨통을 조이는 이곳만의 절박하고도 희박한 공기 때문이라고 생각했다. 그가 입구라고 생각한 그 틈은 암벽 표면에 드러난 개미굴처럼 작았으나 신이 사는 곳이라고 간주해도 될 만큼 분위기는 사뭇 신비로웠다. 그가 빙빙 돌며 두리번거리자 눈에 띌 만한 줄이 허공에서 내려왔다. 줄은 가늘었으나 태양같이 붉었다. 순례자는 실을 잡아당겼다. 어떤 종소리도 인기척도 들리지 않았다. 여러 번 줄을 잡아당기고도 한참 뒤에야 어떤 할아버지가 나왔는데, 예고도 없이 나타난 순례자를 보고 몹시 못마땅한 표정을 하고 있었다. 가만히 보니 꿈속에서 나타난 할아버지가 아닌가 싶었다. 할아버지는 눈을 가느다랗게 뜨고 순례자를 통과하여 뒤쪽 어딘가를 쳐다보는 듯했다. 순례자가 자신이 이곳에 온 이유를 설명하자 할아버지는 한걸음 옆으로 비켜섰고, 왼손을 거의 눈에 띄지 않을 만큼 살짝 내밀어 그를 안으로 들였다. 순례자는 모래가 깔린 바닥을 밟으며 안으로 들어갔는데 한참이 지나서야 앞서가는 할아버지가 맨발이라는 것을 알아차렸다. 할아버지는 뒤를 돌아보지 않았고 순례자는 묵묵히 따라만 갔다. 급격히 아래로 휘어지는 경사가 나왔다. 경사의 끝에 이르자 놀라우리만치 오르기가 어려운 계단이 펼쳐졌는데 앞서가는 할아버지는 뒷짐을 지고 두 계단씩 뛰어 올라갔다. 순례자도 토끼처럼 뛰어 올라 따라갔다. 간신히 계단을 거쳐 꼭대기로 올라가자 널찍한 공간이 나타났다. 그곳은 방이라기보다는 텅 빈 헛간 같았다. 할아버지는 턱을 내밀어 들어가라고 신호를 보냈다. 혼자 안으로 들어선 순례자는 주의 깊게 방안을 둘러보았다. 방은 허름하고 먼지가 가득했는데 그래서 자신이 좋아하는 귀뚜라미와 그 귀뚜라미가 좋아하는 애호박을 찾아보았는데 보이지 않았다. 그때 허공에서 또 줄이 내려왔다. 이번에는 물고기의 비닐 같은 빛이 나는 은색이었다. 순례자는 고개를 들어 천장을 올려 보았다. 줄의 근원이나 뿌리는 보이지 않았다. 그는 줄을 흔들어 보았다. 아무런 반응이 없었다. 아래로 당겨보았다. 그러자 낮게 울리는 소리가 들렸다.

무엇 때문에 이곳에 왔지?

신神을 만나고 싶어요.

왜지? 줄이 가볍게 흔들리며 대답했다.

낙원을 찾고 있어요.

신을 만나면 해결될 거 같은가?

네. 물어보고 싶은 것이 있어요.

이야기를 하나 들려주지.

좋아요.

어느 날, 악어가 나를 찾아왔어.

악어요?

그래. 악어. 머리가 크고 주둥이는 가늘고 꼬리가 긴, 물에서 살기도 하고 육지에서 잠을 자기도 하는 그 귀여운 악어 말이야.

들은 적은 있지만 본 적은 없어요.

그 악어가 이런 질문을 했지.

뭐라고요? 순례자가 물었다.

53

미싱체 발견

악어

왜, 난 뒤로 갈 수가 없는 거죠? 앞으로 나아갈 수는 있는데 뒤로 가본 적이 없어요. 어째서 나를 이렇게 만든 거죠?

나는 물속에 사는 물고기들도 같다고 이야기해주면서, 육지 그러니까 땅에서 사는 인간들을 보고 오라고 말해주었지. 일주일 뒤 악어는 찾아왔어. 그리곤 말하더라고.

악어

사람들이 사과를 먹는 것을 보았어요. 그런데 사과는 스스로나무 위에서 떨어지더라고요. 어떻게 그럴 수 있죠?

악어는 눈알을 굴리며 물었지.
나는 말했지. 그게 물과 육지의 차이라고. 육지에서는 무거우면 위에서 아래로 떨어지지. 무엇이든 말이야. 그걸 중력이라고 한다고 알려주었지. 그러니까 인간의 세계에서는 상하上下, 높낮이의 느낌이 있다는 것을 말이야. 악어는 꼬리를 흔들며 돌아가더니 일주일 뒤 다시 나를 찾아왔지. 그리곤 또 물었어.

악어

인간들은 항상 어디론가 가더라고요?

나는 대답했지. 그게 바로 목적성이라고 하는 거야. 인간들은 목적이 있어야 움직이지. 그래서 앞으로 가는 거야. 뒤로도 갈 수 있는데, 늘 앞으로만 가려 하지.

악어

왜, 앞뒤가 있는 거죠?

나는 말했지. 그건 뼈가 있기 때문이라고. 인간의 척추뼈는 앞과 뒤를 구분하는 기준점이 된다고 말이야. 그러자 악어는 입을 위아래로 크게 벌리며 물었지.

낙원의 몰락: 티베트 이전의 샹그릴라

악어

그럼 인간들은 매일 어디로 가는 건가요?

먹이와 짝을 찾는 거지. 악어가 못 알아듣는 눈치였어. 나는 다정하게 설명해주었지. 인간은 항상 자신에게 없는 것을 찾아 밖으로 향해. 자신에게 없는 것, 그걸 '가치'라고 말하면서 말이지. 그걸 가져야 먹을 것과 자신에게 어울리는 대상을 소유할 수 있다고 생각하는 것이지. 악어는 꼬리를 흔들며 돌아갔어. 그리고 얼마간의 시간이 지난 후, 또 찾아와 물었지.

악어

인간들이 좌우를 가지고 이야기하더라고요.

그건 균형의 문제를 논하는 거야. 새를 본 적 있을 거야? 좌우의 날개가 다르면 어떨 거 같아?

악어

비틀리거나 고꾸라지겠죠.

나는 악어를 내려다보며 말했지. 맞아. 인간들은 양팔과 두 다리의 길이가 같아야 한다고 생각하지. 한쪽이 길거나 짧으면 우스꽝스럽다고 여겨. 좌우가 정확하게 대칭되어야 조화롭고 그게 아름답다고 간주하는 거야. 암튼 말이야, 인간들은 매일 높고 낮음을 계산하고 앞으로 향하며 좌우를 생각한다는 거야.

악어

왜 그럴까요?

그걸 놓치면 죽는다고 생각하기 때문이지.

낙원을 알고 싶다고? 간단한 일이야. 그건 너희들이 저지른 과거를 기억하면 돼.

과거요? 순례자가 물었다.

그래. 과거. 지나간 일 말이야.

왜죠?

낙원은 과거로부터 오기 때문이지. 너희들은 과거를 잊을 수 있지만, 과거는 너희들을 잊지 않아.

난 나쁜 일을 한 적이 없어요.

착하게 살면 먹을 것과 꿈이 이루어지는 줄 알아? 땅을 기고 소원을 빌면 너희들이 지은 죄가 사라지는 줄 알아?

저기, 만일 당신이 신이라면, 모든 것을 조화롭게 바꿀 수 있는 존재 아닌가요?

아, 이런, 오해하고 있군요. 나는 세상을 바꿀 생각이 전혀 없어.

왜요? 순례자는 놀라서 물었다.

참나, 이걸 어떻게 설명해야 하지? 인간들은 가끔 착각할 때가 있단 말이지.

뭘요? 순례자는 자신의 볼을 문지르며 물었다.

나는 매우 위대하고 전능하지만, 한편으로는 인간의 도전정신과 탐욕에 부응하기에는 너무 고집스러운 측면이 있지.

신은 못된 사람을 처벌하고 착한 사람을 응원하며 흔들린 세상을 바로 잡지 않나요? 그게 신의 일 아닌가요? 순례자는 주먹을 쥐며 물었다.

오. 그렇다면 확실히 잘못 알고 있군. 나는 오히려 인간 세상에 주기적으로 '벌'이라는 것을 내리지. 내가 보기에 완벽한 세상을 위해서는 재앙이 있어야 해. 그래야 인간들은 비로소 스스로를 돌아보지. 땅을 파헤치고, 나무를 베고, 공장을 짓고, 습지를 없애고, 호수를 메우고, 동물을 죽이고, 밤을 없애고, 낮을 증가하고, 대기를 오염시켰던, 지난날들을 떠올리며 반성을 하지. 그러면서 몸을 숨길 낙원을 찾기도 해. 이미 늦었는데 말이야. 그게 바로 인간이야.

낙원을 본 사람들

19세기까지 서구가 과학과 기술의 발달, 인류사와 자연사에 대한 학문적 진화에 이르는 동안 동양은 전혀 다른 시간을 보내고 있었다. 동양에서는 세계의 중심이라고 자부하던 중국이 아편전쟁鴉片戰爭을 기점으로 시련을 넘어 몰락의 왕조를 맞이하고 있었다. 중국 역사상 가장 진보적인 황제들을 배출하고, 자랑할만한 인구를 보유하고, 차茶와 비단을 생산하고, 수학과 과학, 그것을 바탕으로 하는 천문학이 발달했던 중국은 내부적 혼란과 외부(영국과 러시아)의 간섭으로 무척이나 당황하던 시기였다. 그때, 국가의 부름이나 개인적 호기심으로 무장한 서구의 탐험가들은 아직 지도에 그려지지 않은 중국 서부, 윈난雲南, 쓰촨四川, 티베트西藏 일대로 향했다. 그곳에는 원죄가 성립되지 않은 사람들이 살고 있다고, 희귀한 꽃과 식물이 풍성하다고 그리고 무엇보다도 황금과 온천이 널려 있는 붉은 땅이 존재한다는 소문이 돌았기 때문이었다.

· 식물학자

스코틀랜드 태생의 조지 포레스트George Forrest, 1873~1932는 중국 서부, 티베트 일대에서 가장 오래 탐사한 식물채집가로 알려져 있다. 한번은 그가 티베트 불교사원에 잠입했을 때의 일이다. 아침이 황급히 오려는 하늘을 배경으로 새 한 마리가 날고 있을 때, 그는 사원의 라마승으로부터 얼른, 지금, 빨리 도망쳐야 한다는 급박한 소식을 들었다.

왜요?

군인들이 왔어요.

무슨 일이죠?

수색입니다.

사원을요?

네. 어서, 몸을 피해야 해요.

어디로 가죠?

사원 뒤쪽 절벽 쪽으로 올라가서 작은 동굴을 찾아요.

동굴이요?

그곳에 숨어요.

벌겋게 달아오른 얼굴을 한 라마승은 지체할 시간이 없다는 듯, 포레스트의 팔을 끌어당기며 뒤쪽을 연신 힐긋거리며 산 쪽으로 밀었다.

빨리 가요.

알았어요.

여기 있다가 잡히면 사원도 위험해요.

알았어요.

포레스트가 맨발로 흙을 파헤치며 뛰기 시작하자 기다렸다는 듯이 비가 내리기 시작했다. 뜀뛰기에 비처럼 좋은 영양제도 없다고 어렸을 적부터 생각해왔던 포레스트는 반가운 마음이 들어 좋아, 잡을 테면 어디 한번 해보라지. 하고는 사원 뒤쪽으로 방향을 잡았다. 그는 뛰면서 생각해보는데, 사실 뛰면서 생각하는 건 쉽지 않았는데, 그래도 왜 도망을 가야 하는지, 또 익숙지 않은 동굴에서 얼마나 지내야 하는지를 몰라 혼란스러웠다. 그러면서 또 한편으로는 어떤 기억이 떠올랐는데, 그건 방금 자신을 찾아온 앳된 라마승이 지난밤에 들려준 이야기였다.

내가 한 번도 가보지 못한 땅, 그러니까 저 아래 붉은 땅은 대륙이라고 불렸는데, 그곳은 몇 년 동안 통일을 위한 전쟁이 있었다고 해요. J가 이끄는 국민당과 M이 지휘하는 공산당이 하나의 중국을 위한 전쟁을 벌이고 있었다는데 한마디로 내가 보기에는 땅 뺏기 싸움인 거 같았어요. 3년간의 전쟁 끝에 M이 이끄는 군대가 승리했고 패한 J는 바다 건너 고구마처럼 생긴 섬으로 도주했다고 들었어요. M은 혼란스럽고 어지럽던 거대한 땅을 하나로 통일해서 의미가 크다고 스스로 자평을 내놓았다지요. 듣기에 J는 훈련받은 군인 출신이었고 집안도 대단했고 아내도 영리해서 세상 부러울 게 없는 사람이었다는데 왜 싸움을 벌였는지 모르겠어요. 그런데 J가 섬으로 도망갈 때, 가지고 간 세 가지 보물이 있었는데 나는 그 부분이 좀 웃겼어요.

그게 뭐죠? 포레스트가 묻자, 라마승은 자신의 턱을 만지며 말했다.

금은보화, 자신을 지켜줄 군인들, 그리고 베이징 박물관에 보존돼 있던 수십만 점의 유물이래요. 유물, 왜 그런 거 있잖아요. 조상 때부터 내려온 숟가락이나 항아리, 요강, 놋그릇, 그림, 불상, 도자기, 지도 같은 것들이요. 그 모든 걸 배에 싣고 섬으로 갔대요.

/

전혀 뜻밖의 이야기를 들려주면서 그 애송이 같은 라마승은 땅에다 기울어진 배를 그리고, 그 배 안에서 건초더미를 씹고 있는 기린과 또 그 기린 뒤쪽으로 깨진 항아리를 그럴듯하게 그렸다. 포레스트는 세상 물정에 어두울 것 같은 그 라마승의 이야기와 그의 투박한 몸짓을 보면서 그의 어린 시절이 궁금했다.

이 사원에는 언제 왔어요?

포레스트가 물어보자, 라마승은 눈을 깜빡이며 대답을 고민하는 듯했다. 아직 앳된 뺨을 가지고 있고 홍반 색의 작은 알갱이들이 여드름으로 보였는데 터지기 직전의 모양이었다. 여전히 아이에 가까운 그

발견

라마승은 사원에 오기 전, 초원에서 유목민 엄마와 소금을 파는 상인의 아빠 밑에서 자랐다고 했다. 그러면서 자신이 초원에서 야크를 몰고 다닐 때, 말을 타고 나타난 군인들을 본 적이 있다고 했다. 그들은 담배를 피우거나 삽이나 총을 들고 나타났는데 어느 날은 야크를 타고 놀고 있던 자신에게 담배를 건네주면서 냄새를 맡아보게 했고 원한다면 입안으로 연기를 빨아들여도 된다고 해서 자신은 그때 아이였는데도 그 말을 듣고 호기심이 생겨 그들이 내민 담배에 불을 붙여 힘차게 빨아보았다고 고백하기도 했다.

정말이요? 포레스트가 놀라자,
별거 아니던데요. 하며 라마승은 허공을 보며 대답했다.
암튼 그때 거대한 땅을 장악한 M은 소련의 R이라는 통치자가 선물해준 특별한 담배, 그들 말로는 '시가'라고 하던데, M은 그걸 물고 승전의 기쁨을 흠뻑 만끽했다고 하더라고요. 그 특별한 담배는 악취가 심하게 난다고 하던데 M은 그걸 매일 입에 물고 독한 술도 같이 마셨다고 해요. 입안의 이빨들이 얼마나 괴로웠을까요. 전쟁에서도 이기고 엄청난 땅을 자기 것으로 만들었으니 그러고 싶었겠지요. 그는 악취 나는 그 담배에서 묘한 기쁨이나 희열을 느꼈나 봐요. 싸움을 즐기는 정복자들이 대부분 그렇잖아요. 그런데 그다음이 문제였지 뭐예요.
뭔데요? 포레스트가 물었다.
그러니까 그 어지럽고 산만했던 땅과 산맥을 평정한 M은 이미 그다음을 생각하고 있었던 모양이더라고요.
다음이요? 하고 포레스트가 묻자, 라마승은 기다렸다는 듯이 바로 대답했다.
자신이 보유한 열악한 군사력으로 자신보다 월등한 자금과 조직력을 가진 엘리트 군인 J를 이긴 성취감에 빠진 M은 여기 이곳, 우리가 사는 초원이 탐났나 봐요.
여기 말인가요? 포레스트는 손가락으로 멀리서 빛나는 설산을 가리켰다.
우리가 사는 이곳에는 사람이 살지 않는 영토와 그 땅에 잠겨있는 다양한 보물들, 예를 들자면 금, 철광석, 니켈 심지어 온천도 있거든요. M은 새로운 나라의 건설을 호기롭게 선포하고 난 뒤, 얼마 지나지 않아 한 장의 초청장을 우리에게 보냈어요. 이곳까지 M의 우편물을 배달하기 위해 반년을 걸어서 온 군인은 거의 기진맥진한 몸 상태로 당시 열한 살에 불과한 우리들의 환생자(달라이 라마)에게 무례한 태도로 초청장을 전달했죠. 이제 간신히 모형 비행기와 축구공을 가지고 놀던 시기가 지나가고 명상과 불교에 입문했던 환생자는 눈치도 경황도 없이 그 초청장을 받아 들고 바로 붉은 땅으로 내려갔어요. 베이징에서 만난 M과 서로의 방식으로 인사를 나눈 환생자는 우리들의 입장과 처지에 관해 간곡하게 전했다고 들었어요. 이야기를 경청한 M은 시가를 물며 제안을 했다지요. 우리가 저항하지 않으면 평화롭게 살 수 있다고 지금까지 해오던 방식으로 삶을 유지할 수 있다고 또 우리가 그토록 신앙하는 종교의 자유까지 보장해주겠다는 협정을 맺자고 했답니다. 환생자는 난처했지만, 자신을 따르는 사람들을 지켜주고 포탈라궁도 보전해준다는 말에 M과 악수를 했어요. M이 제시한 평화협정의 그럴싸한 내용을 그대로 믿으면서 말이죠. 그런데 이년 뒤, 환생자는 태어나서 처음으로 배신이 무엇인지를 알게 됐어요. 티베트 서부에서 M이 보낸 군인들의 공격으로 게릴라전이 발생했다는 소식을 들었기 때문이죠. 거기까지 말하던 라마승은 목이 아픈지 헛기침을 했다.

61

포레스트가 물줄까요? 하는 손짓을 하자, 라마승은 아니요. 이야기를 마저 마치는 게 좋겠어요. 하더니 사원의 지붕 끝에 앉아 있는 새를 잠시 바라보더니 말을 이어갔다.

세계적인 대공황과 중일전쟁 그리고 치욕스러운 대장정까지 모두 감내하고 새로운 나라를 건설한 M은 협약서에 써진 그대로 우리를 온전히 살게 해줄 마음이 애초부터 없었나 봐요. 마치 자신의 좌우명을 〈지구 끝까지 모두 삼켜〉인 것처럼, 군인 150,000명을 동원해 티베트 서부를 공략해왔어요. 그곳은 우리들의 고향이나 마찬가지이고 친척과 동료들이 사는 곳이었지요. 그들은 기어코 서쪽을 점령하고 여기 라싸까지 올라왔어요. 그때 나는 처음으로 총이라는 것을 보았어요. 나와 친구들은 참지 못하고 뛰쳐나갔고 낫과 도끼를 들고 포탈라궁 앞에서 포대를 쌓고 싸움 준비를 했지요. 그러면서 또 급박하게 인도와 네팔의 라싸 주재 총영사관에 우리는 오래전부터 독립 국가였음을 알렸지만 사실 별 효과는 없었어요. 모두 외면했지요. 그때 나의 아빠는 소금 파는 것을 그만두고 환생자를 보호하기 위해 라싸로 갔어요. 아빠 말에 따르자면, 당시 분노한 수천의 라마승들이 사원을 뛰쳐나와 모여들었다고 했어요. 상황이 심각하게 돌아가고 곧 준비된 군인들이 환생자를 암살할 것이라는 소문이 돌자, 우리는 두려움과 공포를 느꼈어요. 내일이면 벌레들의 먹잇감이 되느니 차라리 히말라야를 넘어 인도로 가는 것이 유일한 방법이라는 라마승들의 요청에 몇 번이나 거부하던 환생자는 결국 옷을 갈아입고 도주를 시도했지요. 있을 수 없는 일이었지만 어쩔 수 없었어요. 며칠 뒤, 환생자가 무사히 히말라야를 넘어갔다는 소문이 돌았어요. 탈출 사실이 알려지자 노란 별 다섯 개가 그려진 모자를 쓴 군인들은 곳곳을 수색하며 화를 내며 사람들을 잡아갔어요. 이유를 알지 못하던 초원의 유목민까지 합세하여 저항을 시도하였지만 결국 100만의 피살로 추정되는 당시 인구의 1/7에 상당하는 사람들이 죽었다고 들었어요. 그즈음 베이징에서 M은 환생자의 탈출을 유감스럽게 생각하며 자신이 애착하는 시가를 물고 지극한 무상의 감정에 휩싸였다고 들었는데 믿을 만한 소식은 아닌 듯해요. 그 후로도 우리의 고통과 전체적인 파괴의 규모는 외부인들이 상상할 수 있는 것의 수십 배가 되었는데 의기양양한 군인들은 어차피 파괴될 운명을 지닌 유적처럼 우리의 초원을 마구 파헤치기 시작했으며, 나무를 벌목하고, 광석을 채굴하고, 쇠를 단조하고, 불교사원을 마음대로 파괴하기 시작했어요. 라마승들은 영문도 모른 채 어디론가 끌려가거나 산속으로 숨어들었고 일부는 늑대나 여우가 살 것 같은 동굴로 스스로 들어갔지요. 차라리 그게 낫다고 생각한 모양이예요. 그때 미국이나 영국에서도 진지하게 우리의 안타까운 상황을 주목했다고 했는데 실질적인 도움이나 조언은 없었어요. 눈치만 보며 시간만 질질 늘어뜨린 거죠. 몇 년 동안 계속된 군인들의 파괴적인 행동과 폭력으로 우리는 거의 파산 상태에 직면했고 외교적으로도 고립되었으며, 영국과 미국은 도움을 줄 듯하면서 매번 그럴듯한 이유와 핑계를 대고 거리를 두었답니다.

거기까지 말한 라마승은 이번에는 정말 갈증이 심한 듯 입술을 혀로

핥으며 침을 몇 번이나 삼켰다. 포레스트가 안타까운 표정을 짓자, 그는 손가락으로 땅에다 무얼 그리며 설명하기 시작했다.

뭘 그려요?
설산사자기雪山獅子旗요.
그게 뭔데요?
국기예요.

그가 그린 국기 모양의 그림에는 두 마리의 사자가 마주 보며 쟁반 같은 태양을 향해 앞발을 올린 모습을 하고 있었다.

그들은 내가 애지중지하는 설산사자기를 불태웠고 그걸 숨긴 자는 그것과 마찬가지로 태운다고 협박했어요. 군인들은 굶주린 하이에나처럼 여기저기서 사람들을 감시했죠. 설산과 호수 거대한 바위와 초원을 자신들의 것으로 압수했고 환생자의 집, 포탈라궁을 관리하겠다며 낯선 사람들을 들여보냈어요. 궁 안에서 수행하던 라마들은 어찌할 바를 몰라 두 손을 오므리고 연신 진언을 암송했지만 아무 소용이 없었어요. 시내 곳곳에 심지어 산비탈과 계곡에도 그들이 자랑하는 오성홍기와 M의 얼굴이 그려진 지전이 배급되었는데 나는 그것이 중요하다고 생각하지 않았어요. 나의 스승님이 믿었던 고원의 희박한 공기는 아무래도 역부족이었어요. 결국 우리의 땅은 그들의 붉은 영토 안으로 들어갔어요. 그리고 오늘날까지 우리는 그들의 일부가 되었으며 애석하게도 그들의 간섭과 통치를 받고 있어요.

포레스트는 비를 흠뻑 맞으며 뛰고 있었는데 왜 뜀박질을 하면서 그 라마승이 들려준 이야기가 생각났는지는 몰랐다. 어쩌면 그 라마승이 비참한 표정으로 들려준 이야기 때문에 뜀박질을 멈추지 않았는지도 모르겠다고 생각했다. 포레스트는 뛰면서 떠오른 그의 이야기를 기억하면서 세계가 어둠을 향해 천천히 회전하는 것이 아닌가,

하는 기분이 들었다. 사원의 숙소에서 황급히 도망쳐 협곡과 작은 골짜기, 계곡을 거쳐 산허리와 산비탈, 언 땅을 넘어갔으며 빗길에 몇 번이나 고꾸라졌지만 그래서 발톱이 깨지고 손바닥이 벗겨졌지만, 그리고 거대한 숲의 가장자리를 따라가다가 광채가 나는 어떤 동물과 마주했지만, 깊은 밤만이 주는 황홀한 기분에 감격하기도 했다. 톱니 모양의 빙하들은 두려울 만큼 날카로운 윤곽을 드러내고 있었는데 그 빙하들을 내려다보는 별들 주위로 무지개 같은 여러 색이 나타났다 사라지길 반복했다. 검은 밤에 나타난 흰 빙하와 무지개는 포레스트가 경험한 정말이지 최고의 그림과 같았다.

1873년 3월 13일 시골마을인 팔 커크Falkirk에서 태어난 포레스트는 원래 화학에 관심이 있었으나 킬마녹Kilmarnock학교에서[28] 새로운 학습에 흥미로움을 느끼게 된다. 학교에서는 질병과 전염병에 대한 약제법과 약의 효능을 알려주는가 하면 식물이 서로 기여하고 연대하는 방식 즉, 연약하게만 생각했던 식물들이 인간보다 더 현명하고 오래 살아가는 지혜를 알려주었다.[29] 포레스트는 식물의 매력에 빠졌다. 그는 식물의 채집과 활용법, 가령 말리고, 이름 붙이고, 보관하고, 표본으로 만드는 방법에 마음이 끌렸다.[30] 젊은 시절의 그에게는 논쟁적인 학습과 토론보다는 곤충이나 식물의 채집, 활용의 학습이 훨씬 더 즐거웠다.

1904년 5월, 포레스트는 자신의 인생에서 처음으로 중국 윈난 북서 지방으로 식물탐사를 떠나게 된다. 포레스트가 중국으로 건너가 처음으로 경이로운 느낌을 받은 지역은 메콩강Mekong R., 장강長江, 살윈강 Salween R.이라고 불리는 거대한 물결의 집합지였다. 포레스트는 거대한 강과 그곳에서 뻗어 나온 수많은 지류로 인해 깊은 계곡과 높은 바위산이 생태학적으로 서로 고립되어 있어서 다양한 식물 종을 발견할 수 있을 거라는 기대감을 가졌다. 하지만 자신이 찾고 있는 진달래꽃은 보이지 않았다.

한 번은 이런 일이 있었다. 그가 강 일대를 헤매던 도중 떼지어 가던 양 떼와 마주친 적이 있었는데 그때 양의 무리 속에 있던 목동이 그에게 다가왔다. 포레스트와 목동은 중대한 담화를 앞둔 어떤 부족의 수장처럼 잠시 서로가 먼저 입을 열기를 기다리는 듯 쳐다보았고 서로가 아무 말도 하지 않았다. 모든 대화 속에는 침묵과 독백의 요소가 있다는 것을 그들은 안다는 듯이 정말 한동안 아무 말도 하지 않은 채 서로를 쳐다보았다.

얘야, 꽃을 찾고 있어. 포레스트가 먼저 물었다.
아저씨는 어디서 왔어요? 목동이 물었다.
바다를 건너왔어.
왜요?
꽃을 찾고 싶어서.
저쪽, 저 안으로 들어가 보세요.

포레스트는 목동이 알려준 방향으로 나아갔는데 그곳에는 기대하던 진달래꽃은 보이지 않았고 물고기를 잡으려고 그물을 만지작거리는 원주민들만 보였다. 그들은 원을 이루어 같은 자리를 반복해서 돌면서 알아들을 수 없는 노래를 부르고 있었다. 멀리서도 그들의 경쾌한 움직임과 야성적인 피부는 보였다. 그들 뒤로는 공중에서 수직 낙하하는 폭포가 보였는데 물줄기 속에서는 제법 큰 물고기들이 연이어 떨어지고 있었다. 어떤 물고기는 중력에 저항하려는 듯 위로 솟구치는 모습을 하고 있었다. 하지만 곧 중력을 받아들이는 물고기의 낙심한 모습이 포착됐다. 포레스트는 떨어지는 물고기를 보며 중얼거렸다.

저 물고기들을 잡아서 허기진 배를 채워야겠군.

포레스트는 물속으로 들어가 유영을 하고 잠영을 해서 물고기에게 다가갔다. 뾰족한 어떤 꼬챙이도 준비하지 못한 포레스트는 두 손으로 물고기를 움켜잡았다. 순식간에 잡힌 물고기는 몸을 비틀며 말했다.

내가, 우습게 보여?

물고기의 반응에 화들짝 놀란 포레스트는 그 순간 눈을 떴다. 꿈이었다. 강변 주위에 있던 돌 위에 누워 낮잠을 잔 것이다. 1905년 포레스트는 윈난의 서쪽, 텅충騰冲으로 이동했다. 그곳은 특이한 나무들과 싱싱한 열매들을 자연으로부터 선물 받은 매혹적인 곳임에도 불구하고 사람들은 굶주림에 시달리고 있었다. 무엇보다 예방과 처방이 결핍된 질병에 노출돼 있었는데 그건 천연두였다. 포레스트는 자신의 의학지식을 이용해 마을 사람들의 질병을 치료해 주었다. 그리고 얼마 후, 마을 뒤편에 펼쳐진 계곡에서 그동안 접해보지 못한 식물과 꽃의 유형이 다양하게 분포돼있음을 발견한다. 깊은 계곡에는 관목이 많았고, 초본식물이 다양했으며, 높은 석회암 산등성이에는 로도덴드론Rhododendron, 철쭉류[31]이 지천으로 널려 있었다. 감탄할 만한 모양새를 가진 나비들도 날아다녔다.

낙원의 몰락: 티베트 이전의 샹그릴라

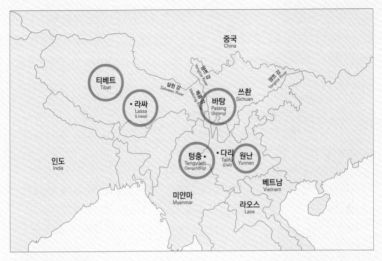

포레스트의 윈난 탐험

McLean, B. 2004. 조지 포레스트, 식물 사냥꾼. 왕립식물원, 에든버러

식물학자 조지 포레스트가 찾아갔던 윈난의 티베트

발견

포레스트가 중국 윈난 요족瑤族마을에서 식물에 대한 정보를 수집할 때의 일이다. 그곳에서 우연히 만난 프랑스 신부와의 동행을 오해한 마을 사람들과 라마승들의 공격을 받아 도망쳐야 하는 일이 발생했다.

강기슭에 지은 임시선교회 건물에서 신부 두 명과 머물고 있을 때였다. 섬 뜩한 소식이 날아들었다. 아툰즈에 주둔한 중국군대와 무장한 라마승들이 오 고 있다는 것이었다. 신부와 포레스트는 영문도 모른채 황급히 남쪽으로 약 50km 떨어진 마을로 도피해야 했다. 달빛에 비추는 길을 따라 신부 두 사람은 앞장서 걸었고, 그 뒤로 약간의 신도들이 뒤를 따랐다. 이름을 알 수 없는 불교 사원 근처를 지나치게 되었다. 숨죽여 가는데 갑자기 나팔 소리가 들렸다. 포 레스트는 힘을 다해 도망쳤다.[32]

이유도 모른 채 도망가다가 포레스트는 신부가 활에 맞아 죽는 현 장을 목격하고 큰 충격을 받는다.

어디선가 날아든 화살에 신부가 맞았다. 신부가 쓰러지기도 전에 붉은 옷을 입은 라마들이 달려들어 신부의 숨통을 끊어 놓았다. 우리 일행은 한 사람씩 활 에 맞아 죽거나 생포되었고 겨우 몇 명 정도만 몸을 피할 수 있었다. 물속으로 몸을 던지는 엄마와 딸도 있었다. 탈출에 성공한 사람은 단 한 사람뿐이었다.[33]

여기서 말한 단 한 사람은 포레스트 자신이었을 것이다. 신부의 죽 음을 목격하고 메콩강이 흐르는 동쪽 길 낭떠러지로 황급히 도망간 포레스트는 자신이 이곳에서 죽을지도 모른다는 공포감이 들었다.

정신없이 도망가다 보니 어떤 계곡에 이르렀다. 서쪽으로는 높은 산맥이 가 로막고 동쪽으로는 물살이 빠른 강물이 흐르고 있었다. 빽빽한 숲이 들어찬 북쪽과 남쪽에는 라마들이 길목을 지키고 있었다. 포레스트는 어쩔 수 없이 동쪽을 택할 수밖에 없었다. 강줄기를 따라 내려가니 경사가 심각했는데 더 심각한 건 저 앞에 몽둥이를 든 마을 사람들이 길을 막은 채 진을 치고 있다는 것이었다. 잠시 후 어찌 된 일인지 포레스트는 그들에게 발각되었는데 어리둥절하는 사이 그들은 빠르게 달려왔다. 포레스트는 잠깐 머뭇거렸다. 12연발 원체스터 총 한 자루와 리볼버 한 자루, 탄띠 두 개로 무장하고 있었기 때문이었다. 하지만 암만 생각해도 그들과 대적할 수는 없었다. 결국 포레스트는 뒤돌아 뛰어갔다.

낭만적인 식물채집과 안락한 나비 감상의 시간은 뒤로 미루고 도망자의 신분이 된 포레스트는 숨을 곳을 찾아다니는 신세가 되었다.

계곡 사이의 통로는 눈으로 덮여 막혀있었고, 길은 낭떠러지로 이어지기 일쑤였으며, 배로 지날 수 없는 강이 많았고 다리가 있다고 해도 대나무 밧줄로 만든 흔들거리는 다리가 전부였다. 밤이 되면 몸에 덮을 것도 없었고 음식이라고는 보리 한 줌이 전부였다. 비가 내려 불을 피울 수도 없었다.[34]

포레스트는 텅충에서 잠깐 만났던 또 다른 신부가 비참한 최후를 맞았다는 이야기를 듣고 비통해했다. 신부가 라마승에게 붙잡혀 잔인한 고문을 당하고 코와 귀가 잘리고 눈도 빠졌으며 머리가 잘리고 사지가 절단되었다는 이야기, 심지어 죽은 뒤에 혀가 뽑히고 그 지역 곳곳에 나뉘어 전리품처럼 전시되었다는 소식을 듣고 낙심했다. 하지만 무엇보다도 견디기 힘든 것은 오랫동안 수집한 식물들을 잃어버린 것이었다.

이제까지 애써 모은 식물 2,000여 종과 씨앗 80여 종 그리고 필름 100장을 몽땅 잃어버렸다. 값을 매길 수 없는 귀한 것인데 말이다. 그건 모두 사람의 발길이 닿지 않는 고요한 장소에서 채집한 식물들이며 대부분이 이제까지 알려지지 않은 식물들이다. 어디 가서 그것들을 찾을 수 있을까? [35]

동료였던 조지 리튼George Litton이 말라리아로 죽고 자신도 도망치다가 날카로운 대나무 창에 발바닥이 찔리는 사고를 당했지만, 포레스트는 식물채집의 열정을 포기하지 않았다. 1905년 여름, 살윈강 상류로 이동한 포레스트는 그곳에서 처음 본 곤충들을 기록으로 남겼다.

이곳에 가득한 곤충들의 삶은 활기가 넘치면서도 어딘지 불편해 보였다. 길이를 측정하고 싶을 정도로 다리가 긴 녀석들은 갑자기 내가 먹고 있던 수프에 빠지기도 하고, 요란한 색상에 긴 털이 달린 애벌레는 내가 덮은 담요 위로 올라오기도 했다. 무당벌레를 비롯한 딱정벌레에 속하는 곤충들이 나의 목에 달라붙고, 호기심에 가득 찬 몸짓으로 바지 속으로 기어들었다. 집게벌레로 보이는 그것의 소리는 지극한 슬픔을 넘어 폭력으로 분출되는 통곡으로 들렸다. 가장 인상적인 건, 괴상한 벌레가 내 발등에서 뛰고 있었는데 벼룩은 거기에 비하면 아무것도 아니었다. 놈은 높이뛰기를 대표하는 벌레의 우두머리 같았다.[36]

곤충기를 써야 할 정도로 깊은 인상을 받았던 포레스트는 강 주위를 덮고 있던 안개, 앞을 못 보게 만드는 진한 안개의 뒤편에서 원주민 리수족 사람들을 만나게 된다.

그곳은, 낙원이 갖추어야 할 풍부한 햇살과 코를 벌름거리게 할 정도의 상쾌한 공기가 가득했다. 각양각색의 바위, 정밀한 숲, 도감에서 보지 못한 식물들, 계곡 사이로 펼쳐진 무지개, 그곳은 마치 꿈결 같은 기분과 잘 어울리는 특별한 장소였다. 그곳에서 나는 특별한 사람을 만났다. 가만히 보니 한 명은 수

중에 먹거리로 보이는 어떤 덩어리를 쥐고 있었는데, 전혀 먹을 수 있을 거 같지 않았지만, 그는 그 덩어리를 잎사귀에 싸서 조금씩 떼어 입으로 가져가는 것이 보였다. 나는 눈을 동그랗게 뜨고 그의 입을 바라보았다. 그가 입으로 가져가는 양은 너무도 적어서 실제로 영양을 위해서라기보다는 단지 먹는 시늉을 하기 위해서 보여 준 행동으로 보였다. 피부는 까맣게 그을리고 근육도 단단해 보였다. 만성적인 굶주림에 배고픔이라는 지독한 고통을 이유로 들어 나를 잡아먹으려 덤벼들어도 전혀 이상할 거 같지 않은 눈빛들이었다. 하지만 다행히도 행동의 결과를 미리 저울질할 만한 지적 능력은 없어 보였다. 그 순간 나는 인간의 비밀스러운 속성 중의 하나가, 예기치 않은 순간에 힘을 발휘하는 어떤 자제력이라는 것을 생각했다.[37]

1906년 윈난 북서쪽 리지앙麗江산맥 아래로 캠프를 옮긴 포레스트는 자신의 스승인 벨 푸어 교수에게 편지를 쓴다.

가져갈 씨앗이 워낙 많아 어디서부터 손을 대야 할지 모르겠습니다. 제가 찾던 씨앗은 이곳에 거의 다 있습니다. 메코놉시스, 노모카리스, 백합 알뿌리도 널려 있습니다. 노새를 몇 마리 구할 생각입니다. 듣자 하니, 노새는 한 마리당 60~70kg을 실을 수 있다고 합니다. 그동안 고생한 보람이 있을 거 같습니다. 좀 더 찾아보겠습니다.[38]

그 다음해 텅충으로 다시 자리를 옮긴 포레스트는 그곳에서 식물을 애타게 찾는 자신처럼 사냥에 들뜬 사람들을 만난다.[39]

그들은 총을 등에 메고 있었는데 사냥에 대한 잠재울 수 없는 열망의 표정을 하고 있었다. 그들 중 한 명은 나뭇잎을 씹고 있었는데 마른 얼굴에 주름과 눈꺼풀이 처진 모습이 공허한 모습이었다. 포레스트는 그에게 다가가 물었다.

뭘 찾는 거요?

마침내 발견

새, 공작새요.

날아다니는 새를 어떻게 잡아요? 하고 포레스트가 묻자,

돌, 투석기로 잡지. 하더니 그는 자신이 새를 잡은 이야기를 들려주었다.

뾰족한 돌을 몇 번이나 던진 끝에 잡은 새는 푸드덕대며 쥐똥나무 가지에 아슬하게 걸려 있었지. 내가 다가가 그놈의 목을 졸라 숨을 끊어 놓자 놈은 마치 쾌락으로 온몸의 감각이 사라지는 것 같았어. 내가 새의 구원자가 된 듯한 기분이 들었지.

그러면서 그는 어렸을 적부터 아버지에게서 배운 사냥술을 자랑하고 싶어 야생으로 나가지 않으면 못 배긴다고 말을 덧붙였다.

매년 이맘때면 멧돼지를 잡으러 숲으로, 표범을 잡으러 산으로, 사슴을 잡으러 벌판으로 나다니느라 쉴 틈이 없었지. 내가 부는 나팔 소리만 들어도 짐승들은 놀라 도망치기 바빴어. 사냥개들은 비탈길을 질주하고 새들은 돌덩이처럼 하늘에서 툭툭 떨어지지. 나는 매일 저녁 진흙과 피투성이가 되어 집으로 돌아왔지만, 전혀 피곤함을 느끼지 못했어. 그렇게 죽이고 또 죽이는 일을 매일 반복했지.

1919년 윈난에서 영국으로 돌아온 포레스트는 가져온 식물과 꽃을 모두 밸푸어 교수에게 맡기고[40] 다시 중국으로 떠났다. 그리고 1932년 1월 5일 철쭉이 만발한 텅충에서 산책하다가 심장마비로 죽는다. 28년간 7차례나 왕래했던 그곳에서 자신의 최후를 맞이한 것이다.

· 선교사

18세기 유럽 사회에서 중국에 관한 정보는 두 가지 방식으로 유입되었는데 그 첫 번째 경로는 동인도회사를 통해 수입된 동양 유물을

통한 지식 습득이었고 두 번째는 중국에 파견된 예수회 선교사들이 보내온 자료를 기반으로 출간된 중국에 관한 서적들에 담긴 정보들을 접하는 것이었다.[41] 예수회는 항상 기민하고 효율적인 탐사와 포교를 강조해 왔으며 유럽인들이 발견의 시대라고 부르는 기간 동안 알려지지 않았던 새로운 공간이나 인종이 발견되면 그곳으로 찾아갔다. 간혹 예수회의 사제가 최초의 발견자인 경우도 있었다.[42]

포르투갈 출신의 예수회 수사 안토니오 데 안드라데Antonio de Andrade, 安奪德, 1580~1634는 티베트로 들어간 최초의 유럽인으로 전해진다.[43] 1624년 3월 31일, 그는 마누엘 마르케스Manuel Marques, 1596~1630와 함께 갠지스강 상류에서 티베트 서부로 향한다. 2년 뒤 그들은 아리阿里지역에 도착했고 찰포랑札布讓이라는 마을로 들어간다. 그곳은 오늘날 구게古格왕국으로 알려진 곳이다.

> 황량한 벌판에 붉은 암벽으로 둘러싸인 그곳은 부탄과 시킴을 경계로 하는 불교 왕국이었다. 사람들은 해발 5천 미터에 살고 있었으며 그곳의 가장 높은 언덕에는 왕과 그의 가족들이 살고 있었는데 사람들은 그곳을 향해 고개를 숙였다.[44]

1626년 황토고원에 작은 천주교 성당을 지은 안드라데는 본격적인 포교를 시작한다. 하지만 1630년 그가 잠시 인도 고아에 머무르는 동안 라다크 군대가 구게왕국을 침범하는 일이 발생했다. 그의 동료였던 마르케스와 선교사 몇 명이 그곳에 남아 있는 상태였다. 1634년 안드라데는 위험을 무릅쓰고 구게지역으로 들어가 선교사 일행을 데리고 티베트 라싸로 가다가 실종된다.

서구의 선교사들은 티베트에 들어가 불교의 강력한 신앙에 매번 놀랐다.

티베트에서 불교사원은 외부인이 들어갈 수 없는 내밀한 공간이다.

낙원의 몰락: 티베트 이전의 샹그릴라

그로부터 100년 후 1715년 6월 20일, 해발 3,505미터에 위치한 라다크의 수도 레列城.Leh에 도착한 예수회 수사 데시데리는 그 지역을 둘러보고 〈Bara Thibet〉이라고 기록한다.[45] 당시 데시데리와 동행한 프란체스코 마리아 델 로소Francessco Maria del Rosso 신부는 그 지역의 마을 사람들과 접촉하고 라싸에 대한 정보를 듣고자 했는데 성과는 미미했다. 한번은 길에서 만난 순례하는 자들을 따라가 물어보기도 했다.

혹시 라싸에서 오는 길인가요? 델 로소 신부가 물었다.
누구신가요? 순례자 중에서 하나가 물었다.
저로 말하자면, 가난한 이들이 언제나 너희 곁에 함께하리라. 라고 주장하는 예수회 신부입니다.
그 말은 경고인가요? 아니면 가르침인가요? 순례자 중 또 한 명이 물었다.
아닙니다. 저는 다만 라싸에 대해 알고 싶을 뿐입니다.

델 로소 신부가 몇 번 더 정중하게 물었지만, 그들은 대답하지 않고 가던 길을 계속 갔다. 순례자나 마을 사람들에게서 아무런 정보도 얻을 수 없다는 생각이 든 데시데리는 라싸에서 선교활동 중인 카푸친회卡普淸修會 소속 선교사들의 상황을 듣고 싶어 했다. 하지만 그들은 이미 라싸에서 철수했다는 소식만 들렸고 어떤 기대할만한 정보도 들을 수 없었다. 3개월 뒤, 데시데리는 위장衛藏으로 불리는 지역으로 들어갔다. 평야인 캉탕羌塘을 지나 카일라스Kailas와 그 앞에 펼쳐진 마나사로바Manasarova호수에 도착한 데시데리는 그곳에서 본 히말라야 삼목과 잣나무들의 풍경에 감탄한다. 언덕의 꼭대기에서 내다보는 전망은 정말이지 실제적인 어떤 것을 넘어서는 경계에 들어선 느낌을 받았는데 특히나 산과 호수 주위로 어둡게 접힌 부분들을 보면서 데시데시는 라싸에 가까워졌음을 느꼈다. 데시데리는 그곳에서 모닥불을 피우고 야영을 한다. 그리고 밤에도 걷기를 멈추지 않는 순례자들과 만난다.

당신들은 밤에도 걷나요?
낮에 걷는 게 더 힘들어요.
당신들은 어디로 가는 중인가요?
카일라스요. 당신은 누구요?
난, 하느님의 큰 사랑을 전하는 사람입니다. 난, 당신들과 얼굴색이 다르고, 코의 높낮이가 다르지만, 당신들의 땅으로 들어가 굶주리고 질병에 걸린 사람들을 구원하고자 합니다.
필요 없소. 우리는 구원보다는 이생의 업業을 정화하는 게 우선이요.

1716년 1월, 데시데리는 라싸에서 서쪽으로 250km 떨어진 시가체日喀则에 도착한다.

'고향의 산봉우리'라는 뜻을 가진 이곳은 티베트인들이 환생자로 여기는 판첸 라마가 은둔하는 도시로 알려져 있었다. 마을을 내려다보이는 곳에 지어진 불교사원, 그리고 그 사원을 에워싸고 있는 마을, 양과 야크를 모는 사람들을 보면서 데시데리는 이 지역을 감싸는 어떤 평화로움을 느꼈다. 그 어떤 악마도 범접하지 못할 자연의 권위가 있었다.

1716년 3월 18일, 데시데리는 라싸에 도착한다. 인도 고아에서 출발한 지 2년 4개월이 지난 후였다. 그는 라싸에서의 첫날밤을 이렇게 적는다.[46]

이토록 푸른 하늘은 처음 보았다.
마치 태초의 하늘이 저런 것이었을까.
하늘은 자신만의 방식을 통해, 지친 나에게 보답한다.

라싸에 도착한 데시데리는 예수회 학교에서 배운 지침대로 선교의 우선순위를 정한다.

첫째, 티베트어를 먼저 배운다.
둘째, 질병에 걸린 사람들을 찾아가 치료한다.
셋째, 불교사원과 라마승을 찾아가 예물을 헌납하고 호감을 얻는다.
넷째, 신변안전을 요청하고 선교활동의 근거지를 마련한다.
다섯째, 매일 이곳의 차茶를 마신다.
그리고, 좀 더 소박한 형태의 봉사와 선교의 방법을 고민한다.

그해 겨울이 되자, 데시데리는 라싸의 치안을 책임지고 있던 티베트인 둔주츠런敦珠次仁을 찾아갔다.[47]

이곳에 온 이유가 뭐요?
복음을 전파하기 위해 왔습니다.
그게 뭐요?
하늘에 계신 절대자의 말씀입니다.
신이라면, 우리에게도 있소.

다음 해, 봄이 되자 둔주츠런은 다간자시達甘札西라는 포탈라궁 책임자를 소개시켜 주었다. 데시데리는 그들에게 자신의 신변안전을 요청하며 가져온 진통제를 선물했다. 친절함과 다정함을 드러내기 위

해 겉봉에다 티베트어로 약의 용도와 사용 방법까지 적어주었다. 한
번은 라싸의 왕인 라짱칸拉藏汗과 그의 가족들이 알 수 없는 질병에 전
염돼 위험한 지경에 빠졌다는 소문을 들었다. 데시데리는 다자간시를
찾아가 〈Roman Teriaca〉라는 약을 전했다.[48] 이일을 계기로 데시데리
는 라짱칸과 친밀한 관계를 맺을 수 있게 되었고 선교활동은 진전을
볼 수 있게 되었다. 한번은 라짱칸이 데시데리를 초대했다.[49]

왕
이곳의 언어를 배우는 게 좋소.

데시데리
그렇게 하겠습니다.

왕
언어를 배우고 나면 불교책도 읽어보시오.

데시데리
그렇게 하겠습니다.

왕
원한다면 사원에서 생활하는 것도 허락할 것이며 라마도 소개해주겠소.

데시데리
따르겠습니다.

언어라면 자신이 있었다. 예수회에는 언어학 연구의 전통이 있었다. 데시데리가 사제 서품을 받자마자 언어학 박사 과정을 시작하라는 권유를 받은 적도 있었다. 스웨덴에서 이루어진 17세기 아프리카 선교사업을 연구하는 프로젝트를 수행하던 중, 데시데리는 예수회 관련 서류를 원문으로 읽기 위해 프랑스어를 배운 적도 있다. 선생으로부터 집중적으로 문법을 배웠고, 그 후에는 독학으로 어휘를 읽혔다. 회화 공부는 전혀 하지 않았지만 학기 말 보고서를 끝마쳤을 무렵에는 프랑스어 원문을 수월히 읽을 수 있게 되었다. 그런 다음 언제가 아프리카에 갈지도 모른다는 기대로 아랍어를 공부했다. 그리고 나서는 포르투갈어도 배웠는데, 단지 발음이 듣기 좋고 브라질 음악이 마음에 든다는 이유에서였다.

데시데리는 티베트어를 우아하거나 빠르게 혹은 재치 있게 의사소통할 수 없는 데서 오는 좌절감을 느꼈지만, 자신의 장기인 인내심과 집요함을 발휘하여 언어 표현에 필요한 몸짓이나 표정을 활용할 줄 알게 되었다. 티베트어를 말할 수 있는 수준이 되자 데시데리는 먼저 왕을 상대로 천주교의 교의와 이론을 설명했다. 왕은 그의 말에 동의하지 않았다. 왕이 데시데리가 권유하는 천주교를 받아들이지 못한 이유는 티베트불교를 숭배하는 신자들 때문이었다. 만일 자신이 티베트불교를 포기하고 천주교를 받아들이면 자신의 정치적, 종교적 기반인 라마들과 신도들의 지지를 잃을 것이 염려됐기 때문이었다. 데시데리는 왕의 권유를 받아들여 티베트불교를 공부하기로 마음먹는다. 단순히 선교를 위해 티베트어를 학습하는 수준이 아니라 불교사원에 들어가 수행에 전념하겠다는 결심에 가까운 것이었다. 〈서장기사〉西藏記事에서는 당시 그의 마음가짐을 엿 볼 수 있다.

나는 새벽부터 저녁까지 티베트불교를 열심히 공부했다. 깨달음을 얻었다
는 라마를 찾아다녔으며 질문을 멈추지 않았다. 환생과 윤회는 어려운 대목
이었다.[50]

시간이 지나자 데시데리는 티베트불교와 그에 관련된 경문을 읽고
해독할 수 있는 수준이 되었다. 심지어 티베트 고어古文도 볼 수 있었
다. 1717년 12월, 데시데리는 예수회 사제로는 최초로 〈여명취산흑
암열시욱일동승〉黎明驟散黑暗例示旭日東升이라는 책을 쓰고 여기서 세 가지
를 강조한다.[51]

첫째,
오직 티베트불교의 이론과 교의敎義만이 인간을 구제한다는 것은 허구다.
두 번째,
오히려 기독교의 교의와 논리만이 인간이 갈망하는 인생의 행복과 구원을
전해줄 수 있다.
세 번째,
하지만 이곳의 종교에서도 진실은 발견할 수 있다.

데시데리는 자신의 주장이 들어간 책을 왕에게 선물했다. 책의 주
요 골자는 천주교와 티베트불교, 양자 간의 교의와 계율, 원리와 격언,
기도와 명상 등에 관한 유사성과 차이점에 관한 것이었다.

왕
그대는 환생을 믿지 않는가?

데시데리
다시 태어난다는 것을, 보이지 않는 그것을 어떻게 증명할 수 있을까요?

낙원의 몰락: 티베트 이전의 샹그릴라

왕

이곳에서는 가능하다.

데시데리

어떻게요?

왕

증인들이 있기 때문이다.

데시데리

그 증인들을 믿기 어렵습니다.

1717년 3월, 데시데리는 라싸 최고의 불교사원인 대조사大昭寺에 들어간다. 그곳에서 밀교密教를 공부하며 라마들과 논쟁한다.[52] 일 년 뒤, 대조사를 떠나 써라스色拉寺로 옮긴 데시데리는 라마들의 불교 변론辯論대회에 참가한다. 사원 마당에서 서로가 손바닥을 마주치며 물으면 대답하는 형식이었다.

라마

당신이 말하는 천국이란 어떤 곳인가요?

데시데리

가난한 사람들이 사는 곳입니다.

라마

그곳은 무엇으로 가득한가요?

데시데리

믿음과 사랑이 있습니다.

라마

그럼, 당신이 말하는 지옥이란 어떤 곳인가요?

데시데리

명예와 기분이 만족 될 때까지 입을 떠벌리는 사람들이 사는 곳입니다.

라마

그곳은 무엇으로 가득한가요?

데시데리

멈추지 않는 식욕이 있습니다.

1717년 몽골 준거얼准噶爾군대가 라싸를 침공했다.[53] 당시 써라스에서 공부하고 있던 데시데리는 왕인 라짱칸이 피살됐다는 소식을 듣게 된다.

침입자들, 그들은 몽골의 전사라고 불리었는데, 전력을 다해 포탈라궁布达拉宫을 공격했다. 궁은 쉽게 함락되지 않았다. 그들은 화공火攻을 이용했다. 목재로 된 문을 불로 공격하고 들어갔다. 라짱칸과 그의 둘째 아들 그리고 그를 따르는 대신들은 궁의 북쪽으로 황급히 도망갔다. 그쪽에는 미리 준비해둔 말이 있었다. 왕과 대신들이 긴급히 도망치는 모습을 발견한 침입자들은 뒤를 따라갔다. 왕은 깊은 도랑을 만났는데 말이 겁을 먹었는지 한 번에 뛰어넘지 못했다. 왕은 말과 함께 깊은 골짜기에 떨어졌다.[54]

예수회 선교사 데시데리가 찾아간 라싸, 써라스(色拉寺)

신변의 위협을 느낀 데시데리는 종눌^{宗呐, Tron gnc}로 피신한다.[55] 그곳
에서 그는 상황이 진정될 때까지 숨어있을 참이었다. 전쟁이 길어지
고 상황이 진전되지 않자, 데시데리는 라싸 외곽으로 도망간다. 그러
면서 라싸에서 보지 못했던 티베트의 새로운 지형, 땅, 산천, 기후, 광
물, 촌락, 사람들을 보게 된다. 데시데리는 쩨탕^{澤當}이란 마을에서 생
동적인 시장을 목격하고 다음과 같은 기록을 남긴다.

라싸에서 보았던 사원과 라마들은 그곳에도 있었다. 신기하게도 그곳에는
외부에서 온 상인들이 많았다. 물어보니 매월 사람들이 날을 잡아 이곳에 모여
장사를 한다고 했는데 볼만했다. 모료^{毛料}라는 상품이 인기가 많았다. 써라스
에 견줄만한 큰 불교사원도 보였다.[56]

야룽雅隆이라는 도시에 도착한 데시데리는 며칠을 돌아본 후, 소감을 성경책 뒷면에 적었다.

이곳은 다른 곳에 비해 유난히 산소가 적은 듯하다. 숨은 차지만 공기는 순정純情하다. 건강에 이로운지는 모르겠다. 마을에서는 대맥大麥을 생산하는데 듣자 하니, 이곳의 특산품이라고 했다. 반갑게도 포도와 사과도 소량으로 생산하고 있었는데 달았다. 이곳에는 수정 돌도 유명하다고 했다. 특이한 것은 빨간색의 나무줄기를 생산하고 있었는데 물어보니, 모료毛料의 염료라고 했다. 면화棉花도 생산되며 수사樹絲라고 불리는 비단도 만들고 있었다. 홍색의 염료와 수교樹膠는 고가의 특산품이라고 마을 사람들이 자랑했다.[57]

데시데리는 오래전부터 소문으로만 듣던 '황금을 캐는 개미'에 대한 실체를 목격하기도 한다. 강구康區지역을 여행하던 어느 날이었다.

〈Retoa〉라고 불리는 평원을 가로지르니 큰 호수가 나왔다. 그 주변에서 티베트인들이 엎드린 채 기어가는 모습을 발견했다. 아마도 순례자들의 오체투지 같았다. 호수는 바다처럼 끝이 보이지 않았다. 낚시를 하는 사람은 보이지 않았고 호수 주변을 걷는 사람들만 보였다. 허리를 숙이고 모래를 채취하는 사람들이 보였다. 믿을 수 없게도 그들은 금을 채취하는 상인들이었다. 체계적이고 과학적인 방법으로 채광하는 모습은 아니었다. 그들은 비가 내릴 때까지 기다려 금을 채집했다. 평소에는 천막을 치고 뜨거운 태양을 피해 앉아 있었다.[58]

데시데리는 1718년 라싸에서의 모든 포교 활동을 중지하고 귀국하라는 서신을 받는다. 이유는 카푸친수도회卡普淸修會와의 마찰 때문이었다. 라싸에서 선교활동을 하다가 포기한 카푸친수도회는 예수회 수사 데시데리가 라싸에 있다는 사실을 몰랐다. 1716년 카푸친 소속의 프란

체스코 도미니코 다 파노P. Dominico da Fano는 라싸에서 내려와 뱅갈Bengal
로 가는 도중에 예수회 소속 수사가 선교한다는 소식을 듣고 프란체스
코 포솜브론Francesco Fossombrone와 함께 다시 라싸로 올라간다. 데시데리
의 적극적인 선교활동 의지를 확인한 그들은 자신들이 다시 라싸에서
포교 활동을 할 수 있도록 허가해달라는 서신을 로마의 교황에게 보
낸 것이다. 데시데리는 로마의 예수회 총회장에게 서신을 보내 예수회
가 티베트에서 활동해야 하는 이유와 필요성을 다음과 같이 주장한다.

> 중국은 예수회 선교사들이 이미 오래전부터 활동을 시작했던 지역이므로
> 티베트 또한 선교활동을 시작하는데 아무런 문제가 되지 않습니다. 따지고 보
> 면 카푸친 수도회가 라싸에서 포교 활동을 시작한 것보다 우리가 빠릅니다.
> 100년 전, 티베트 서부, 구게지역에서 천주당을 짓고 선교활동을 한 안드라데
> 신부를 기억하시면 분명해집니다.[59]

하지만 1718년 12월 12일, 로마교연성전신부羅馬敎延聖傳信部, Sacre
Congregationis Generalis de Propaganda는 예수회 회장에게 서신을 보내 데시데
리는 티베트에서 선교활동을 전면 중지하고 철수하라는 서신을 보낸
다. 데시데리는 모든 활동을 중지하고 귀국을 준비한다. 1721년 5월
30일, 니에라무聶拉木지역에 도착한 데시데리는 그곳에서 휴식을 취하
며 당시 로마교황Pope Innocent 8세, Papa Pio VIII에게 보내는 장문의 서신을
작성한다. 내용은 예수회가 티베트 라싸에서 선교활동을 지속해야만
하는 이유와 필요성이었다. 희망적인 답신은 오지 않았다. 12월 27일
네팔의 수도 카투만두를 경유한 데시데리는 1722년 4월 22일 인도에
도착한다. 하지만 라싸에서의 생활과 오랜 노정으로 그의 몸은 쇠약
해졌고 움직이기 힘들 정도였다. 1728년 1월 23일, 간신히 로마로 돌

아온 데시데리는 로마교성전신부에 다시 한번 라싸에서 예수회 선교 활동의 허락을 건의했으나 받아들여지지 않는다. 1733년 4월 14일, 라싸에서 다시 한번 선교를 꿈꾸던 데시데리는 책상에서 서신을 작성하다 죽는다.[60]

· 탐험가

움직임과 이동, 그것이 방랑이나 유랑일지라도 평생 탐험가의 삶으로 산 스벤 헤딘Sven Anders Hedin, 1865~1952은 티베트를 어렸을 적부터 동경했다. 1865년 스톡홀름Stockholm에서 건축가의 장남으로 태어난[61] 그는 어렸을 적부터 〈모히칸족의 최후〉를 쓴 미국 소설가 제임스 페니모어 쿠퍼James Fenimore Cooper, 1789~1851, 〈80일간의 세계 일주〉를 쓴 공상과학소설의 선구자 쥘 베른Jules Verne, 1828~1905, 남아프리카 탐험가인 데이비드 리빙스턴David Livingstone, 1813~1873, 과학자이자 저술가인 벤저민 프랭클링Benjamin Franklin, 1706~1790, 지질학자인 닐스 노르덴셸드Nils Nordenskiöld, 1832~1901 등이 보여준 흥미로운 모험담을 읽으며 성장했다. 한번은 그가 출처와 저자가 불분명한 책을 보게 되었는데 그 내용은 어떤 현자가 사람과 땅에 대해서 이야기하는 우화였다.

현자가 말한다.
여기 세 부류의 사람들이 있습니다. 첫 번째 부류의 사람들은 이렇습니다. 그 사람들은 토양이 가볍고 모래가 많은 곳에서 사는 사람들입니다. 그들은 남녀가 모두 키가 땅딸하고 무거우며 피부는 건조합니다. 언뜻 보기에는 허약하고 힘이 없는 거 같지만, 그들은 모래처럼 고집스럽고 인내심이 강합니다. 버섯보다는 곤충요리를 좋아하고 의심이 많습니다. 그리고 다른 사람들이 확실한 것이라고 여기는 것을 좀처럼 믿지 않습니다. 그들은 뛰어다니는 것을 좋아하고 그래서 속도감 있는 말이나 타조 등에 올라타는 것을 즐겨 합니다. 낙타나 나귀는 싫어하죠. 느리고 먹는 것만 밝히기 때문입니다. 그들은 이동을 좋아하기 때문에 어디든지 가고 싶어 합니다. 종종 국경을 넘어 다른 나라로 움직이는 경우가 있는데 타인의 시선은 전혀 개의치 않습니다. 그들은 새로운 환경에 들어서면 망치 같은 눈이 내리거나 꼬챙이 같은 비가 오거나 도끼 같은 우박이 내려도 금방 익숙해집니다. 자기들이 살던 집과 흙을 빨리 잊어버립니다. 새로운 환경에서 불행과 비통, 상실을 겪더라도 그들은 금방 잊어버립니다. 또한 그들은 미래의 냄새를 맡을 수 있는데, 특히 물질적인 냄새에 민감하죠. 안타깝지만 자신들은 미래에 무슨 일이 일어날지 안다고 우쭐거리기도 합니다. 모든 것들이 완벽해 보이는 그들의 유일한 단점은 자신들이 정한 약속과 규칙을 지키지 않는다는 거예요. 그들은 약속을 잡고 문서를 작성하고 도장을 찍는 것을 즉 신뢰를 우습게 알고 오히려 약속을 지키는 사람을 못난이라고 생각합니다. 약속을 우습게 아는 그들이지만 자신들을 닮은 아이 낳기를 좋아해서 저마다 식구가 많고 그래서 인구가 많은 편입니다. 아이들은 빨리 성장하고 조금의 망설임도 없이 울거나 칭얼거림도 없이 부모 곁을 떠납니다. 사람들은 절대로 어제와 과거의 사건이나 추억을 후회하거나 그리워하지 않습니다. 그들에게 중요한 건 언제나 내일이고 앞으로 벌어질 사건들입니다.

이제, 두 번째 부류의 사람들입니다. 이 사람들은 물이 고여 있는 곳, 이를테면 작은 호수나 높이가 낮은 폭포가 있는 강 주변에서 태어난 사람들입니다. 그들의 몸은 연약하고 부드럽고 예민한데, 피부는 벗겨질 듯 얇고, 연어의 색을 하고 있고, 촉촉하고 시원합니다. 그 피부 아래로는 푸른 정맥이 보이기도 하지요. 물가에서 살아서 그런지 손과 발이 시원하고 머리카락은 가늘어요. 이 사람들은 과거에 얽매이고 어제를 신경 쓰고 부모와 자식이 같이 살고, 신중하며 변화를 꺼립니다. 그들은 악의 없는 말을 들어도 감정이 쉽게 상하고 기억에 남겨두죠. 그들은 태어나면서부터 후회나 자책감이 풍부하고 소소한 감동과 기쁨에도 우는 경향이 있습니다. 그들은 사슴처럼 우아하고 고매하게 살고 싶어 하고, 그래서 일찍 사랑에 눈을 뜨고 집착하고 애착하고 싸우고 또 금방 이별과 죽음에 대해 고민하는 경향을 가지고 있습니다. 그들은 몸속 어딘가에 영혼이 있다고 믿으며 의사소통을 위해서 말을 할 필요가 없다고 생각합니다. 흩어지는 말보다는 침묵과 고요함을 좋아합니다. 그들이 가장 싫어하는 것은 길고 낯선 여행입니다. 그들은 다른 공간이나 타인에 별로 관심이 없고 인간이 사는 곳은 어디나 같을 거라고 간주하며 돌아다니는 것보다 제자리에서 호흡을 하거나 호수 주위를 걸으며 이야기하는 게 낫다고 생각합니다. 그들은 싸움과 전쟁을 혐오하고 까다롭고 눈물이 많은 아이를 낳습니다. 그래서 부모들은 한밤중에도 종종 일어나 울고 있는 아이를 안고 달래줍니다. 꼬박 밤을 새우더라도 말이죠. 그들이 기르는 동물 역시 조용하고 다정합니다. 암소는 우유를 아끼지 않고 내주며, 양은 두터운 자신의 털을 저항없이 제공하고, 암탉은 크고 무거운 알을 매일 낳습니다. 그들은 외부로부터의 공격을 막아내고자 공동체 가옥을 지었는데 밖에서 보면 난공불락의 요새를 연상시킵니다.

세번째 부류의 사람들입니다. 그 사람들은 말이죠. 바위가 많은 땅, 한없이 굽이치는 산맥, 설산을 배경으로 초원에서 사는 사람들입니다. 그들의 피부는 근육이나 뼈처럼 거칠고 단단합니다. 머리카락과 치아는 튼튼하고, 손바닥과 발바닥은 곰의 그것처럼 단단하죠. 그들의 몸은 갑옷처럼 단단하고 강렬한 태양도 뚫지 못할 정도랍니다. 겉으로 보기에도 그들은 강인하고 건강합니다. 하루에 먹는 양은 많지 않아서 몸속은 비어있는 공간이 많습니다. 그래서 그들이 보고 듣는 것은 모두 그들의 몸 안에서 종소리처럼 여기저기를 움직이며 메아리칩니다. 무엇보다도 그들은 기억력이 강합니다. 한번 보고 들은 것은 좀처럼 잊지 않습니다. 그들은 자신들이 지내 온 거의 모든 관계들을, 모든 음식의 맛을, 모든 동물과 식물 심지어 지렁이의 냄새까지도 기억합니다. 억지로 하는 것은 아닙니다. 그들은 넓은 초원에서 홀로 지내도 우울하거나 심란해하지 않습니다. 그들은 말이 없는 설산과 호수 바위와 바람, 구름과 흙, 공기와 구름을 친구로 대하기 때문입니다. 그들은 방향을 알 수 없는 초원이나 광야에서도 이정표 따위를 필요로 하지 않습니다. 왜냐하면 그들은 무언가가 시작되고 끝나는 것에 관심이 없기 때문이죠.

헤딘은 콜럼버스보다 두 살 더 먼저인 15세(1878년 6월)의 나이에 이미 북극과 아시아, 유럽을 경험했다.[62] 그는 당시 북동항로를 개척

하기 위해 떠났던 베가호The Vega를 타고 여행했는데 훗날 그는 오랜 여정 끝에 스톡홀름 항구로 다시 돌아오는 그 순간을 잊지 못했고 그 시절의 경험이 그를 탐험가로 만든 결정적 사건이 되었다고 회고하기도 했다.[63]

20살이 되던 1885년, 헤딘은 아제르바이잔Azerbaijan의 수도 바쿠Baku에서 일 년 동안 가정교사를 하게되는데[64] 이 시기는 그가 평생 중앙아시아와 티베트를 탐험하게 만든 결정적 계기가 된다. 바쿠에서 가정교사를 하면서 페르시아와 메소포타미아 지방을 돌아본 헤딘은 1890년 스웨덴 국왕이 페르시아에 사절단을 파견할 때 통역으로 따라가게 된다. 그해 6월에 사절단은 모두 귀국했지만, 헤딘은 남아서 페르시아의 엘부르즈산을 등정한 다음 (서)투르키스탄 일대를 둘러보고 코칸트와 오시를 거쳐 12월 중순에 카시가르Kashgar로 넘어간다.[65]

1891년 봄, 톈산산맥을 넘고 이식쿨 호수Lake Issyk Kul를 지나 스웨덴으로 돌아온 헤딘은 이 여행을 토대로 〈페르시아, 메소포타미아, 캅카스 지방〉이라는 제목의 여행기를 쓴다.[66] 그의 첫 번째 여행기라 할 수 있다. 헤딘은 당시 아시아대륙 탐험가로 유명한 페르디난트 폰 리히트호펜Ferdinand von Richthofen, 1833~1905 교수를 찾아가 자연지리학, 역사지리학, 고생물학, 생물학, 소묘(스케치), 언어 등을 배우며 탐험가로의 꿈을 키운다.[67] 그리고 1893년에서 1908년 사이, 옛 페르시아 지역과 타림분지, 파미르 고원을 세 차례에 걸쳐 탐험하게 되는데 당시 그가 중앙아시아에 관심을 가진 이유는 시대적 배경과도 연관이 있다. 19세기 중반 이후 유럽은 자신들의 식민지를 넓히기 위하여 여러 곳으로 시선을 돌렸는데 그 중심에 중앙아시아가 있었다. 인도에서 라다크 지방을 거쳐 티베트와 실크로드로 진출하려는 영국과 시베리아에서 중앙아시아를 거쳐 남쪽으로 영토를 확장해가려는 러시아는 19세기 내내 서로 경쟁하며 대립했는데 이때, 러시아에서 니콜라이 M.프르제발스키1839~1888라는 탐험가가 등장한다. 그는 1870년대 이미 실크로드 일대에 대한 전면적인 조사와 연구를 진행했으며 황하의 발원지와 로프노르Lop-nor, 羅布泊호수를 최초로 발견한 탐험가였다. 당시 유럽인들의 호기심을 자극했던 로프노르 호수는 이른바 '떠도는 호수'Wandering Lake로 유명했는데, 퇴적과 침식 작용 등에 의해 호수의 위치가 남북으로 이동한다는 소문이 떠돌고 있었다.[68] 그래서 이 호수는 시간을 두고 이동하지만 언젠가 반드시 원래 위치로 돌아올 것이라는 주장이 탐험가들 사이에서 유행했는데 헤딘과 그의 스승, 리히트호펜도 그랬다. 스승의 권유도 있었지만, 호수의 이동설에 강한 호기심을 느낀 헤딘은 프르제발스키보다 20년 후인 1895년 4월, 타클라마칸사막을 가로질러서 로프노르를 향한 탐사에 나섰다. 하지만 경험 부족과 계산 착오로 1차 탐험에서는 동원됐던 가이드와 짐꾼들, 탐험 장비를 모두 잃어버리고 간신히 몸만 살아 돌아오는 처지에 놓인다. 1899년 헤딘은 2차 탐사에 나선다. 그런데 뜻밖에도 사막에서 오아시스 도시인 누란樓蘭을 발견한다. 누란은 현재 중국령인 신장위구르자치구에 있는 고대 도시 국가였다. 사막 아래 도시가 있었으니 그 주변에는 틀림없이 강이나 호수가 있었을 것이라고 짐작한 헤딘은 누란 근처에 로프노르 호수가 존재했을 것으로 확신했다. 헤딘은 이 호수가 원래 자신의 스승, 리히트호펜이 주장한 그 위치에 있었지만 1500년간 서남쪽으로 이동해서 프르제발스키가 찾아낸 그 지점으로 이동했다고 주장했다.[69] 고대 도시 누란의 발견과 로 프노르 호수 이동의 주장으로 헤딘은 세계적인 실크로드 학자로 명 성을 얻게 된다.

헤딘은 총 4차례에 걸쳐 티베트 탐사에 도전한다. 헤딘의 목표는 중앙아시아를 관통해 티베트의 수도 라싸에 도착하는 것이었다. 그 는 순례자로 위장하고 쿤룬산맥을 넘어 하늘과 가장 가까운 곳으로 향했다. 진정한 순례자들과 비슷해 보일 정도로 초췌해지는 행색에 성공한 헤딘이었지만 강도를 만나고 우기에 잔뜩 물이 불어난 강에 빠져 죽을 뻔한 위험은 피할 수 없었던 헤딘은 다음과 같이 고백하 기도 했다.

숨이 막혔지만 나는 그곳을 향해 걸음을 멈추지 않았다. 영하 30도와 영상 40도의 기후를 맛보았으며 죽음의 문턱까지 몇 번이나 갔다 온 듯한 느낌이 들었다. 정체를 알 수 없는 원주민들에게 두 번이나 포로로 잡혔고 강도와 들 짐승의 공격에 정신을 차릴 수가 없었다.[70]

고원에서 정연하게 쌓여 올려진 돌무더기를 보고 헤딘은 자신이 그 린 지도 밑에 이렇게 적는다.

저, 하늘의 붙박이별들을 다 꼽아보려면 이 지구상의 손가락들이 모두 필요 할지도 모르겠다. 나는 지금 '오보'를 지나간다. 그것은 길이 120~150센티미 터쯤 되는 50여 개의 얇은 널빤지 모양의 녹색 점판암들로 이루어졌는데, 끝 부분에 잇대어 포개진 채 덮개가 씌워져 있었다. 각각의 점판암에는 티베트어 로 성스러운 여섯 글자가 더할 나위 없이 정성스럽게 새겨져 있었다. འོ་མ་ཧཱུྃ དྷི་ ཧཱུྃ이었다.[71]

맨발로 걸어가는 순례자를 만나자 헤딘은 물었다.

어디로 가는 건가요?
성스러운 얼음산이오.
그곳은 어디인가요?
카일라스요.

그들은 네 발자국 걷고 한번 엎드리면서 앞으로 나아갔다.
수척하고 가련한 모습이었다.
그들의 믿음은 경탄할 정도였다.
헤딘은 밤마다 티베트를 그리워하며 일기를 썼다.

공상 속에서 나는 거대한 강의 굉음과 맹위를 떨치는 눈보라의 윙윙거림과 붓다를 찬미하는 사원의 노래들을 듣는다. 아, 끝없는 아시아, 신비스러운 티베트가 저 너머에 펼쳐진 채 나를 기다리고 있다. 지금 내 머리는 마치 대장간 같다. 무모한 나의 모험들이 망치로 두들겨져 만들어지고 있기 때문이다.[72]

두통과 현기증을 참아내며 인내심을 발휘하던 헤딘이 전진하지 못하고 철수해야 할 상황이 발생하기도 했다. 늪 같은 강을 건너려 할 때, 야성적인 눈초리를 하고 있던 사람들과 마주쳤을 때의 일이다.

강가의 나는 아직 햇빛을 받고 있었지만, 강의 너머는 이미 모두 어둠에 잠겼고, 공터와 나란히 흐르는 강의 유역은 고요하고도 찬란한 빛으로 반짝였다. 강변에는 한 사람도 보이지 않았고 숲 또한 바스락거리지도 않았다. 내가 주변을 가늠하는 사이, 그때, 한 무리의 사나이들이 마치 땅속에서 솟아나듯 나타났다. 밀집대형을 이루며 그들은 허리까지 잠기는 풀 속을 가르며 온 것

같았다. 그러곤 곧바로 그 땅의 중심부를 향해 날아가는 예리한 화살처럼 고요한 허공을 가로지르는 날카로운 외침이 그곳의 공허한 풍경 속에서 솟아올랐고, 마치 마법이라도 부린 듯 창과 활을 들고, 방패를 쥐고, 야성적인 눈초리를 하고, 야만적으로 움직이는 사람들이 보였는데, 그들은 거의 벌거벗은 몸으로, 애수에 잠긴 표정으로 나를 향해 다가왔다. 나는 하늘에 경청하는 자세로 조용히 서 있었다. 그들은 저만치 멀리 떨어져서 자기들끼리 무언가를 수군거리는 거 같았다. 다행히 나에게는 망원경이 있었다. 야윈 팔이 명령하듯 머리통 위로 뻗치고 있었고, 아래턱이 미세하게 움직이며 아래위로 기괴하게 끄덕이는, 뼈만 남은 머리통 깊숙이에서 유령 같은 자의 눈이 음산하게 빛나는 것을 볼 수 있었는데 그건 아무래도 내가 강을 건너면 그대로 두지 않겠다는 경고 같았다. 내가 손을 들어 일행에게 움직이지 말라는 신호를 주었는데, 그때 방금 망원경으로 보았던 그 사람이 그를 덮고 있던 망토를 떨치고 움직였는데 그때 순간 보였던 그의 몸은 처참하고 소름 끼치는 모습이었다. 그의 갈빗대가 온통 떨리고, 뼈만 남은 앙상한 팔이 움직이는 것이 보였다. 그리곤 그가 나를 향해 고함을 연신 질렀는데 알아들을 수가 없었다. 일행 중에 그 말을 알아들을 수 있는 짐꾼이 있어 물어보았더니, 여기서 돌아가라는 말이었다. 나와 일행은 그 자리에서 오랫동안 서 있다가 결국은 되돌아올 수밖에 없었다. 지금도 생각하면 그때, 입을 크게 벌려 나에게 고함을 지른 그 사람의 행동은 자기 앞의 서 있는 나를 향해 모든 대기와 함께 삼켜 버리겠다는 것처럼 기괴하고도 무서운 인상이었다.

41세의 나이에 헤딘은 세 번째 티베트 탐사에 도전한다. 그의 최종 목적은 라싸에 들어가서 뒷골목을 걸어다니며 지도를 그리는 것이었다. 1906년 헤딘은 시킴을 가로질러 티베트 북서쪽으로 나아갔다. 헤딘은 그 이전까지 주로 러시아의 가이드에 의존했었다. 하지만 이번에는 영국의 경험 많은 가이드와 함께하기로 했다. 그들은 헤딘이 영국의 티베트 공격을 비난했음에도 불구하고 도움을 주었다.

초원을 가로지르던 헤딘은 두 개의 뿔이 하늘로 치솟고 검은 주둥이에 통통한 몸매를 과시하는 티베트 영양 떼를 발견한다. 그리고 그 영양의 뒤편으로 인간의 형체로 보이는 그것이 파란 호수의 가장자리를 배경으로 민첩하게 움직이는 것도 목격했다. 유목민은 아닌 듯했고 얼룩무늬 가죽의 화려한 머리 장식을 쓴 사람들이 긴 창에 기댄 채 전투적인 모습으로 서 있었다. 그리고 또 그들 뒤로 햇빛이 드는 호수를 따라 야성적이고도 화려한 화장을 한 여인이 움직이는 것이 보였다. 헤딘은 이번에는 포기할 수 없다는 생각으로 통역사를 시켜 그들과 대화를 시도했다. 자신은 조용한 여행자이며 이곳의 어떤 동물도 건들지 않고 그저 앞으로 나아가기만 할 것이라고 그러니 길만 비켜달라고 부탁했다. 술 달린 줄무늬 옷차림에 야만적인 장신구를 쩔렁이고 번쩍이며, 끝이 뾰족한 창을 든 여인이 빠른 발걸음으로 헤딘의 바로 앞까지 다가왔다. 헤딘은 뒤로 몇 발자국 물러났고 원주민 통역사가 앞으로 나섰다. 그녀가 통역사 뒤편으로 보이는 헤딘에게 말했다.

헤딘

뭐라고 하는 거요?

통역사

어디로 가느냐고 물어요

헤딘

라싸. 라고 말해줘요.

가이드 겸 통역사인 원주민이 헤딘의 말을 전하자 여인은 미간을 찡그리더니 도무지 알아들을 수 없는 말을 빠르게 했다. 방언 같았는데 그러는 사이 헤딘은 그 여인의 몸을 관찰했는데, 그녀의 맨발은 당당하게 대지를 누르고 있었고 투구처럼 모양낸 머리는 높이 쳐들고, 무릎까지 올라오는 황동 각반과 황동선으로 엮어 만든 팔꿈치까지 올라오는 전투용 장갑을 끼고 있었으며, 황갈색 뺨에는 빨간 점이 찍혀 있었다.

낙원의 몰락: 티베트 이전의 샹그릴라

이 호수를 지나고 두 군데의 초원을 통과하고 설산을 하나 넘으면 멀리서도 금방 알아볼 수 있는 붉은 사원이 나오는데, 그걸 보게 되면 모두 엎드려 절을 하라는군요

헤딘

왜요?

통역사

그곳은 판첸 라마가 사는 곳이고 그는 자신들이 추앙하는 신이기 때문이랍니다.

헤딘

그렇게 하겠다고 전해요.

헤딘은 고맙다는 손짓을 하며 그녀의 안색을 살폈다. 그녀는 티베트 여인으로 보이지 않았는데, 그건 유리알을 엮어 만든 목걸이와 함께 그녀가 걸음을 내디딜 때마다 번쩍이고 흔들리는 기이한 것들, 아마도 그것들은 자신의 몸을 지켜줄 부적처럼 보였는데 헤딘이 보기에 그녀는 이곳을 지키는 정령처럼 보였다. 그녀는 매서운 눈초리를 가졌을 뿐만 아니라 신중한 걸음걸이에는 무언가가 숨어 있어 보였다. 그리고 마치 시선이 조금이라고 흐트러지면 자신의 목숨이 위태로워지기라도 하듯, 미동도 없이 헤딘을 보고 있었다. 잠시의 침묵이 흐르고, 그녀는 머리 위로 힘차게 자신의 팔을 뻗었다. 그와 동시에 헤딘의 일행을 가로막고 있던 창을 쥔 사람들이 비켜섰다. 그녀는 천천히 몸을 돌려 호수 기슭을 따라 멀어지더니, 왼편의 숲속으로 사라졌다.

1906년 8월 21일, 〈Akasai Chin〉이라고 알려진 고원을 가로지른 헤딘은 동남쪽으로 방향을 잡는다. 소금 호수가 있는 분지를 지나고 얄룽창포강 북쪽에 도착한 헤딘은 그곳의 주요 지형과 산맥을 조사한다.

그림을 그리고 지도를 만든다. 그리고 몇 개의 산과 산맥, 고원을 넘어서자 멀리서도 보이는 거대한 금빛 지붕이 보였다. 티베트인들이 신성시한다는 타시룬포扎什伦布사원이었다. 그곳은 판첸 라마ᡆᡷᡙᡈᡂᡈ의 은둔지였고 시가체日喀则라는 마을이었다. 헤딘은 마을로 들어갔다. 그리고 그곳에서 새해를 맞이했는데 마을 사람들은 축제를 준비하듯 분위기를 내고 있었다.

마을 사람들이 모여들었다. 저마다 들뜬 안색이었다. 겨울의 끝과 봄을 기대하는 표정들이었다. 손에는 저마다 흰 스카프를 들고 있었다. 사원 입구에서는 붉은 옷을 입은 라마승들이 나와 곳곳을 청소하고 있었다. 그들 중 몇 명은 소라 모양의 뿔을 들고 있었는데, 물어보니, 나팔이라고 했다.[73]

탐험가 스벤 헤딘이 방문한 타쉬룬포(扎什伦布)사원

낙원의 몰락: 티베트 이전의 샹그릴라

헤딘은 늘 일기장과 스케치북을 갖고 다니며 기민한 눈초리로 사소하기 그지없는 정황들을 살피며 구체적인 흔적을 남겼다. 마을 뒷골목, 사원의 안뜰, 라마들의 모습, 언덕 위의 야크와 양, 깨끗한 구름을 수채화로 그리고 글을 썼다.

이곳 사람들은 칼보다는 야크 똥이, 총보다는 불교 경전이, 화약과 탄환보다는 손에 들고 다니는 마니차를 더 소중히 여긴다. 사람들은 으르렁거리는 소리도 욕도 하지 않는다. 곤충과 벌레가 귀에서 알을 낳아도 불평하지 않으며, 아프지도 늙지도 않아 보인다. 유목민들과 농민들은 하루를 만족해하며 지혜를 찾고자 사원을 들락거린다. 엄격한 처벌은 없으며 판결을 내려 줄 만한 사람도 보이지 않는다. 혀가 부어오를 때까지 빌 일도 없어 보인다. 단지 설산에서 내려오는 바람 소리와 그 소리에 실린 냄새만이 가득할 뿐이다. 촉촉한 땅을 보면 그리움이 몰려오고 사원을 바라보면 심장이 뛴다.

한 번은 사원 밖을 나온 라마들과 이야기를 나눌 때의 일이다.

라마

사원 뒤쪽으로 난 길로 올라가 보세요.

헤딘

왜요. 거기 뭐가 있나요?

라마

작은 숲이 있어요. 안으로 들어가면 볼만하죠.

헤딘

그럴게요.

미지에 발견

라마

숲에서 붉은 나무를 보게 되면 위로 올라가 주위를 둘러봐요.

헤딘

왜요?

라마

무언가를 발견 할 수 있을 겁니다.

다음날 오후, 헤딘은 챙이 있는 모자를 쓰고 동물 가죽의 냄새가 나는 바지를 입고 광을 낸 목이 긴 부츠를 신고 아무것도 모르는 야크 한 마리를 앞세워 사원 뒤쪽으로 올라갔다. 라마가 알려준 작은 숲이 보였다. 숲 앞까지 간 헤딘은 숲과 관련해 가장 멋진 추억 중의 하나는 그곳에서 길을 잃는 것이며, 깨진 거울이나, 터진 공, 엉켜있는 실이나 구겨진 주전자보다는 그것들과 상관없는 뱀이 자신을 본척만척하며 풀밭을 유유히 지나거나 똬리를 틀거나 허물을 벗은 광경을 목격하는 것이고 그걸 저만치 떨어져서 스케치하는 기쁨이라고 생각했다. 헤딘은 숲 안쪽을 한동안 쳐다보았지만 아무런 소리도 냄새도 나지 않았다. 그는 성경의 한 구절을 암송하고는 안으로 들어갔다. 목적과 이유도 모른 채 온 야크는 뒤를 힐끔거리며 안으로 들어갔다. 숲은 다소 소란스러웠다. 다정한 소리보다는 소음에 가까운 소리가 여기저기서 흩어져 나왔다. 그것은 기쁨의 교성도, 울음도, 비명도, 탄성도 아니었다. 저만치 앞에서 야크가 뒤를 돌아보며 소리를 내었는데 자신의 존재를 알리기에는 부족한 소리였다. 야크는 눈동자를 부풀려 힘을 주고 주위를 살펴보는 듯했다. 경계와 의심의 몸짓이었지만 무엇보다도 먹을 만한 벌레나 곤충을 찾는 듯했다.

푸르스름한 어둠 속에 뒤섞여 나무 밑에 누워있는 검은 그림자를 발견한 헤딘은 고개를 숙여 살펴보았다. 죽은 듯 늘어진 사슴이었다. 질병과 굶주림보다는 누군가에게 공격을 당한 듯 목이 뜯겨져 있었고 뿔이 없는 것으로 보아 새끼 같아 보였다. 헤딘은 사슴의 가슴에 귀를 대 보았다. 아무런 소리가 들리지 않았다. 헤딘은 사슴을 안아 올렸다. 사슴의 몸은 공기처럼 가볍고 자유로웠다. 사슴을 안고 좀 더 안쪽으로 들어가자 큰 나무가 보였는데 그곳에는 역시 같은 곳에 상처가 난 커다란 사슴이 멍한 눈동자를 껌뻑거리며 한쪽 어깨를 나무에 기댄 채 드러누워 있었다. 나이를 짐작하기 어려운 커다란 사슴은 누런 눈꺼풀을 천천히 올리는가 싶더니 움푹 꺼진 눈으로 헤딘의 가슴을 올려다보았다. 자신의 새끼를 보는 듯했다. 눈동자는 멍하고 힘이 없어 보였는데 이윽고 얼마 후 안구 깊숙이 공허한 흰빛이 반짝이더니 천천히 사라졌다. 헤딘은 품에 안고 있던 작은 사슴을 큰 사슴, 그러니까 엄마로 간주 되는 그것의 가슴께로 옮겨놓았다. 헤딘은 망원경을 꺼내 두 눈에 맞추었다. 눈만큼 믿을만한 것이 없다고 생각하면서 그는 어둑한 숲 안을 둘러보았다. 숲은 텅 비어있었고 움직이는 무엇도 보이지 않았고 대기는 날카로웠다. 달이 뜨자 사방에서 절망과 슬픔의 음성들이 나왔다. 그들은 어디로 도망쳐야 할지, 어디에 몸을 숨겨야 할지, 무엇을 먹어야 할지, 알지 못하는 외침 같았다. 헤딘은 숲속을 배회했다. 야크는 어디론가 사라졌고 시커먼 형체들이 나무 사이에 웅크려 있거나 누워있거나 앉아 있는 것으로 보였는데, 그것들은 고통과 포기, 그리고 좌절을 표현하는 온갖 자세로 둥치에 기대기도 하고, 땅에 달라붙어 있는 것으로 보였다. 조금 걸어가자니 발아래 땅이 가볍게 흔들렸는데 그것은 마치 숲이 재채기나 하품을 해서 대지가 떨리는 느낌이었다. 그 순간 눈앞에 거대한 나무가 보였다. 그것은 마치 어둠의 장벽에서 떨어져 나온 것처럼 보였는데 가까이 다가가 보니 나무는 기둥, 나뭇잎, 줄기, 뿌리 모든 것이 붉었다. 마치 피를 마시고 사는 나무처럼 그것은 어둠 속에서도 붉은색을 드러내고 있었다. 헤딘은 나무에 올라가 주위를 둘러보기로 했다. 높은 곳에 있으면 방향이 잡히고 덜 불안할 거같았다. 나무에 올라간 헤딘이 망원경으로 구부정하게 난 작은 길 쪽을 보았는데 그쪽은 가팔라 보였는데, 그곳으로 한 사람이 어깨에 무언가를 걸치고 빠르게 걸어가고 있는 것이 보였다. 그는 멀리 떨어져 있었는데 그래서 정확한 형체와 얼굴을 볼 수 없었는데 신기하게도 그에게서 알 수 없는 냄새가 진하게 풍겨왔다. 사람으로 보였으나 사람의 체취는 아니었다. 우유나 꿀 냄새 같기도 했고, 사슴 털이나 눈길 위를 걸어간 어떤 동물의 냄새 같기도 했다. 헤딘은 얼른 망원경의 비율을 조율했다. 그는 몸을 꼿꼿이 세운 채 개미처럼 분주히 걷고 있었는데, 작은 머리통 아래 어깨에 무언가를 메고 있었다. 벌거벗은 맨몸이었고 그래서 엉덩이도 거의 드러나 있었다. 그의 움직이는 사지 관절은 마치 표범의 그것처럼 유연하며 경쾌했다. 그의 목에는 목걸이처럼 쇠사슬이 채워져 있었는데 쇠사슬에 이어져 있는 줄은 동물의 꼬리처럼 이리저리 움직였

/
99

다. 헤딘은 소리를 질러 아는 척을 하고 싶었지만 참았다. 망원경은 그 형체를 따라 움직였다. 두 발로 걷다가 엎드려 뛰는 모습도 보였다. 동물인가? 어깨에 둘러멘 저것은 뭘까? 망원경은 그의 어깨로 조준됐다. 도끼였다. 헤딘은 어떤 두려움에 휩싸이기도 했지만, 한편으로는 흥분되기도 했다. 따라가서 그의 은신처를 알아내고 싶었다. 인간이든 동물이든 자신이 몸을 숨기는 장소에는 취약한 본성을 드러내는 뭔가를 남겨놓게 마련이기 때문이다. 망원경을 목에 걸고 나무를 내려오려고 자세를 정비하는 사이 그의 굽은 등뼈와 뒷모습이 어느 틈에 사라졌다. 순간 그는 땅속으로 꺼져버린 것처럼 자취를 감추었다. 헤딘은 신중한 눈빛으로 사방을 둘러보며 나무 위에서 천천히 내려왔다. 어디로 갔을까? 그때 헤딘의 어깨 위로 나뭇가지 하나가 떨어졌다. 조금 뒤 두 번째, 세 번째 나뭇가지가 땅에 떨어졌다. 헤딘은 천천히 목을 꺾어 위를 올려다보았다. 처음에는 아무것도 보이지 않더니 갑자기 어떤 윤곽이 드러났다. 방금 보았던 그 형체가, 도끼를 어깨에 걸고 걸어갔던 그 몸체가 나뭇가지 위에 앉아서 위협적으로 이빨을 드러내고 있었다. 그는 사람처럼 보이지 않았다. 그는 경고를 보내듯 이빨을 드러내며 침을 흘리고 있었다. 헤딘은 빨리 이곳을 벗어나야 한다는 걸 직감했다. 자신의 영역에 낯선 이방인이 들어왔음을 눈치챈 그가 자신을 공격하려 한다는 느낌이 들었기 때문이었다. 헤딘이 뛰려고 하는 순간 나무 위의 그것이 그의 어깨 위로 사뿐히 내려왔다.

다음날 헤딘은 사원의 라마를 찾아 어제의 일을 말할 참이었다. 그가 동물인지 사람인지 알고 싶었다.

헤딘이 사원 입구로 들어서는 순간 비틀거리며 나오는 할머니를 만났다. 허공에 손을 내밀어 균형을 잡으며 지팡이로 땅을 더듬는 것으로 보아 할머니는 맹인盲人이었다. 생각해보니 헤딘은 살면서 눈이 멀거나 귀가 안 들리거나 코가 베인 사람을 한 번도 본 적이 없었다. 헤딘은 할머니를 보면서 눈에 보이는 게 없으니 울거나 웃는 법도 좀처럼 없을 거라는 생각이 들었다. 할머니가 자신의 허리를 스쳐 지나갈 때, 헤딘은 할머니의 눈동자를 유심히 쳐다보았다. 특이한 점은 없어 보였다. 하지만 좀 더 주의를 기울이니 뭔가 확실히 다른 점이 보였다. 홍채에 흰색이 너무 많았고, 동공은 목적이 없는 것처럼 보였고 혹

은 멈출 능력이 없는 것처럼 자유자재로 움직이는 것 같았다. 왼쪽 눈동자는
눈썹 쪽으로 움직이는데 다른 쪽 눈동자는 한자리에 가만히 애쓰고 있는 것처
럼 보였다. 하지만 애쓴다고 되는 일이 아니어서 할머니의 눈동자는 이리저리
움직였는데, 그녀는 그걸 원한 것도, 그렇게 움직인다는 걸, 아는 표정은 아니
었다. 할머니가 주머니에서 담배를 꺼내 불을 붙이는 것을 보고 헤딘은 걸음을
멈추었다. 맹인은 자기가 내뿜는 담배 연기를 볼 수 없을 터인데. 하지만 할머
니의 담배 피우는 모습은 어린 시절부터 하던 일인 양 능숙했다. 할머니는 헤
딘을 발견한 냥, 얼굴을 돌리며 물었다.

　자네는 신앙심이 있는가?
　저요? 헤딘은 주위를 둘러보며 물었다.
　그럼 젊은이지. 여기, 자네 말고 또 누가 있다고 딴청을 부려.
　아니요. 전 무엇을 굳게 믿지는 않아요. 헤딘은 손을 저으며 말했다. 난, 아
무것도 안 믿어요. 나무의 정령이든, 부처님이든, 교회의 십자가이든, 다시 태
어난 환생자이건, 모두 믿지 않아요. 사람들이 아무리 특별하다 해도 나에게는
뭐 특별한 게 아니거든요. 아무런 감흥이나 감동이 일어나지 않아요.
　그럼, 믿는 게 뭐지? 할머니가 물었다.
　지도. 지도는 믿어요. 지도는 거짓말을 하지 않아요.

　그러자 할머니가 입을 크게 벌리더니 손가락으로 무언가를 꺼내는 시늉을
했다. 마치 입에서 숨겨놓은 버섯이라도 꺼낼 것처럼 할머니는 과하게 움직였
지만 정작 나오는 것은 아무것도 없었다. 그냥 할머니만이 할 수 있는 특별한
하품 같았다.

　가서, 나뭇가지를 주어와. 할머니가 명령하듯 말했다.
　왜요? 할머니. 헤딘은 물었다.
　가져와 보면 알아.

　헤딘이 나뭇가지를 가져오자 할머니는 바닥에 앉으라고 말했다.

뭐 하게요? 할머니.
앉아보면 알아.

헤딘은 할머니와 같은 높이로 앉았다.

자, 눈을 감게. 감았나? 나를 속여선 안 돼.
네. 감았어요. 할머니.
그럼 이제부터 내가 하라는 대로 그냥 해보는 거야.
네. 그럴게요.

헤딘은 눈을 감고 할머니의 다음 말을 기다렸다.

자, 이제 그려봐.
뭘요? 할머니.
뭐긴, 저 앞의 사원 말이야.
눈을 감고요?
응. 눈을 감고.

헤딘은 눈을 감고 땅 위에 사원을 그렸다.

자, 이제 사원의 소리를 들어보게. 눈을 뜨면 안 돼.
소리요?
그리고 사원의 냄새를 맡아보게. 눈을 감은 채로.
냄새요?
헤딘은 못마땅했지만, 눈을 뜨지 않았다.

아무래도 어려울 거 같아요. 할머니.
어렵지 않아. 리듬을 느끼면 돼. 가만히. 해봐.

헤딘은 아무것도 느껴지지 않았다.

다 그랬나?

사원이요?

응. 그래 사원 말이야. 저 앞의 숭고한 사원 말이야. 마치 허공에 떠 있는 풍선 같지 않아?

모르겠어요. 할머니. 이제 눈을 떠도 될까요?

안돼. 아직. 전체적인 모양, 창문, 기둥, 돌, 나무를 상상하란 말이야. 특히 사원 주위를 천천히 도는 바람을 잘 그려봐. 바람은 나무와 돌 그리고 공기와 땅을 이어 주니까 말이야.

헤딘은 시키는 대로 해보았다.

자, 이제 올라타게.

어디를요?

어디긴? 저 사원 말이야. 눈을 감고 자네가 그린 사원의 꼭대기, 지붕 위로 올라타란 말이야. 그곳에 앉아 하늘을 난다고 생각하는 거야. 중요한 건, 눈을 절대 뜨면 안 돼.

안될 거 같아요. 할머니.

103

그러자 할머니는 자신을 손을 헤딘의 어깨 위에 얹었다. 그리고 자신의 손가락들을 헤딘의 어깨 위에서 움직였다.

자, 우리는 날고 있어. 어떤가?

와, 이거, 정말 대단하군요!

판첸 라마가 사는 마을과 사원에서 몸의 평화로움을 느낀 헤딘은 그곳으로부터 동쪽으로 250km에 있는 라싸를 금방 갈 것만 같았다. 하지만 이번에도 헤딘은 라싸까지 나아가지 못한다. 1907년 11월 26일, 헤딘은 라다크로 돌아온 후, 몇번의 시도를 했지만 끝내 라싸로 들어가지 못하고 죽는다.[74]

개인주의, 세계주의, 이성, 군대, 자연사, 과학의 힘이 가족, 부족, 전통, 종교를 잠식하는 현상으로 규정되는 근대성modernity의 시선으로 보자면 티베트는 납득 하기 어려운 세상일 수 있다. 그곳은 숫자와 기술로 배열하거나 배양할 수 없는 특별한 환경과 그 환경 속에서 파생된 주술의 세계가 사람들을 압도하고 있기 때문이다.

근대성은 이동과 교류를 특징으로 한다. 지도와 나침반은 이동의 폭과 깊이를 확장해 주었고 탐험이라는 정복의 또 다른 형태를 만들어 냈다. 나침반과 망원경 지도와 나이프 칼은 욕망이 가능한 지역이 어디인지, 그리고 거기서 무엇을 설계해야 하는지, 또 어떤 곳을, 방문해야 하는지에 도움을 주는 도구임에 틀림없다. 하지만 그것들은 한편으로는 방문자들의 인식한계를 규정하는 기능을 하기도 한다. 지도에서 빠진 것은 존재하지 않는 것으로 간주하기 때문이다. 그러므로 방문자로 위장한 정복자들은 이미 짜인 경로를 따라 이동하며 스스로가 꼭 발견해야 한다고 믿는 것들을 미친 듯이 찾아 헤맨다. 그 결과 그들은 그 밖의 다른 것은 전혀 보지 못하는, 즉 내부의 실체를 포착하지 못하는 엉성한 여행자로 전락하고 만다.

구조

티베트 사회는 여러 층으로 형성돼 왔다. 크게 보자면 평민과 귀족, 사원에 소속된 라마, 농경에 종사하는 사람들과 유목민 그리고 농노다. 여기에 소수이지만 어부, 대장장이, 도살자와 악사도 존재했던 것으로 보인다. 20세기 초까지 티베트 사회는 위계와 차별이 있는 피라미드 구조의 세상이었다고 볼 수 있다. (아래의 도표 참조)

티베트의 계층 부류(~1959)[75]

부류	경제/정치	장례 방식[76]	특징
귀족(貴族)계층[77] ① 아계(亞谿) ② 제본(第本) ③ 미찰(米扎) ④ 고찰(古札)	최상위	화장(火葬)	귀족 간의 혼인을 통한 연대 의식 도모
달라이 라마/ 활불(活佛)[78]	상/상	탑장(塔葬)	종교적 수장 라마들의 지도자
지방정부(噶廈)	상/상	화장	세속귀족 출신이 많은 관직을 차지하고 있다.
불교사원	상/상	화장	정교(政敎)의 중심지
라마	중/중	화장	티베트 사회를 견인하는 핵심 계층
기타 (농민/유목민)	하/하	조장(鳥葬)	전체 티베트인의 다수를 차지함

미국의 언론가인 안나 스트롱Anna Louise Strong, 1885~1970은 1959년 티베트를 방문했을 당시의 상황을 다음과 같이 밝혔다.[79]

중국 측이 주장하는 티베트는 불교사원을 중심으로 농노를 착취하고 경제권을 장악하고 있었다. 1959년 전까지 티베트에는 대략 500여 명의 크고 작은 활불과 4,000명 정도의 권력을 행사하는 라마 그리고 11만 정도의 보통의 수행승들이 존재했다고 밝혔다. 또한 2,676좌(座)의 불교사원이 존재했고 114,925명의 라마가 있었다고 주장한다. 중국 측에서 제시하는 각종 고문 기구들(티베트 백만 농민 해방 기념관, 라싸) 필자가 2019년 라싸를 방문했을 당시 찍은 사진들이다.

ᯖᯰᯰ᯲ 내부

나는 티베트의 권력자(귀족, 지역 지주, 라마)들이 사용한 고문 기구 전시회에 가본 적이 있다 그곳에는 모은 종류의 수갑이 있었는데, 아동용도 있었다. 코와 귀를 자르는 기구, 눈을 파내는 기구, 손목을 자르는 기구를 비롯해 무릎, 종아리, 다리 분쇄기, 채찍, 심지어 내장을 파내는 특수 기구도 보였다. 그 전시회에서는 절도죄로 인해 눈이 뽑히거나 불구가 되어 고통받는 희생자들의 사진과 증언들이 노골적으로 전시되어 있었다. 주인의 소를 훔친 유목민과 자신의 아내를 지주에게 기부하기를 거부했던 유목민의 잘려 나간 손의 사진도 있었다.

티베트 사회의 질서와 안정은 크게 불교사원을 중심으로 하는 라마 집단과 귀족貴族을 중심으로 하는 세속 집단이 이끌어 왔다고 할 수 있다. 티베트에서 귀족은 보통 세 부류(아래의 도표 참조)로 나눌 수 있는데 공통점은 그들이 영토와 장원莊園이라는 경제적 근간을 점유하고 불교사원의 경제적 후원자가 되어 정치적으로 중요한 위치를 독점하고 있었다는 것이다.[80]

티베트 귀족계층 분류

귀족 계층	아계 (亞谿, yab-gzhis)	제본 (第本, sde-dpon)	미찰[81] (米扎, sku-drag)
특징	① 달라이 라마의 부모 및 　친인척 관계 ② 황금귀족[82] ③ 전세영동(轉世靈童) ④ 신성과 경외 ⑤ 세습 불가	① 혈통 중시 ② 장원과 토지확보 ③ 불교사원과의 연대 ④ 일처다부제 ⑤ 농노 보유	① 자수성가형 귀족계층 ② 지방정부(噶廈)의 일원 ③ 정치적 혼인 ④ 혈연관계 중시

아계亞谿계층은 특수한 집단으로 볼 수 있다. 이 귀족은 달라이 라마의 부모와 친인척 가족들로 구성된 특수집단을 말한다. 이 가문의 출현은 계층적 위계화 불평등의 요소를 촉진 시키는 요소임에도 불구하고 티베트인들은 전혀 불만이나 의문을 제기하지 않는다. 오히려 신성시하고 경외한다. 관세음보살의 화신으로 여겨지는 달라이 라마의 가족이기 때문이다. 제본第本이라는 귀족계층은 출생과 혈통을 중요시하는 가문이다. 대본代本이라고도 불린다. 이들은 아계 가문처럼 갑자기 신분이 수직으로 상승한 특수한 경우가 아니고 조상대대로 세습되는 귀족 세력들이었다. 이 귀족의 특징은 가문의 혈통을 중시한다는 것이다. 이들에게는 대대로 계승되는 조상의 비문이 있고 관직이 내려온다. 따라서 이 가문에서 출생해서 귀족의 구성원으로 살아간다는 것은 특혜를 받고 성장하는 것을 의미한다. 이 귀족은 세습을 통해 물질적, 정치적 특권을 누렸으며 그것으로 인해 그들의 권위는 더욱 공고할 수 있었다. 이러한 제본 귀족의 정치적 영향력과 권위의 원동력은 조상 대대로 상속받는 토지에서 그 힘을 발휘한다. 즉 방대한 장원莊園을 집안 대대로 소유하고 세습하고 있었기에 가능했다.[83]

아계와 제본 외에도 파랍帕拉, 하찰夏扎, 찰멸擦蔑, 색강索康, 적문赤门, 갈설파噶雪巴 등은 20세기까지 티베트에서 귀족 가문으로 명성을 떨친 것으로 전해진다. 이 귀족들은 아계 귀족처럼 신성하거나 특수하지 않았으며 제본처럼 귀족의 혈통이 세습적인 것도 아니었다. 이 집단의 특징은 아계나 제본에 비해 스스로 자수성가하여 귀족의 대열에 올라섰고 매우 실용적이며 연대 의식이 강하다는 점이다. 살펴보면 이 귀족들은 1728~1959년 기간에 티베트 지방정부噶廈, bkav-shag[84]에서 최소 1석 이상의 관직噶倫을 차지하고 있었다.[85] 지방정부에서 귀족이 차지하는 의석수는 티베트 사회에서 그들이 점유하고 있는 종교적, 정치적 지위와 비례한다는 점을 고려할때, 이 가문들의 권위또한 막강했다고 볼 수 있다. 아래의 도표는 티베트 귀족의 전성기였던 1728~1959년의 기간, 즉 230년간의 기간을 2단계의 시기별로 나누어 그들이 점유했던 의석수와 흥망의 관계를 도표화 한 것이다.[86]

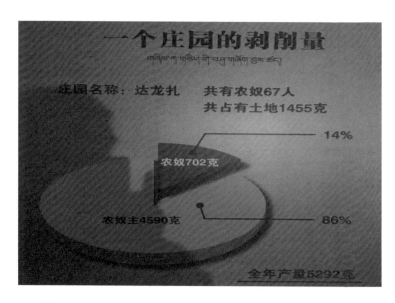

중국 측에서 밝히고 있는 귀족 소유의 장원구조(출처: 티베트 백만 농민 해방 기념관, 라싸)
명칭: 달용찰(དགོང་གྲང་)
농노: 67인
전체 토지면적: 1,455(克)
년(年) 생산량: 5,292(克) 농노: 702克(14%) 농노주: 4,590克(86%)

낙원의 몰락: 티베트 이전의 샹그릴라

귀족 가문	의석 (1728~1844)	의석 (1844~1959)	유지/감소 (진입)
朵喀(mDo-mkhar)	3	3	유지(=)
噶锡(dGav-bzhi)	4	1	감소(-3)
帕拉(pha-lha)	3	2	감소(-1)
沙扎(bShad-sgra)	3	2	감소(-1)
索康(Zur-khang)	2	2	유지(=)
桑珠破(bSam-grub-pho-brang)	2	2	유지(=)
吞(Thon)	3	0	감소(-3)
萨迥(gSar-byung)	0	3	진입(+3)
赤门(Khri-smon)	1	1	유지(=)
阿沛(Nga-phod)	0	2	진입(+2)
擦绒(Tsha-rong)	0	2	진입(+2)
宇妥(gYu-thog)	0	2	진입(+2)
霍尔康赛(Hor-khang-gsar)	1	1	유지(=)
拉鲁(Lha-klu)	0	2	진입(+2)
布隆赞(vBrong-rtse)	1	0	감소(-1)
拉定(Lha-sding)	1	0	감소(-1)
기타 21家 귀족	0	각 1인	*

귀족의 경제력은 소유한 장원莊園[87]에서 나온다. 장원은 농장을 말하는데 예를 들면 토지와 가옥, 원림園林, 가축(양, 야크, 말) 및 소유한 농장(농노포함)을 의미한다. 이는 자원이 부족한 티베트에서 소중한 경제적 자산이었다.[88]

기록에 따르면, 1959년까지 티베트에서 활용할 수 있는 토지면적은 3,362,558克[89]이었고 농노는 14만 명 정도였다. 이중 티베트 지방정부가 토지의 38.9%를 귀족과 사원이 각각 24.3%와 36.8%를 점유하고 있었다.[90] 〈아래의 표 참조〉 이는 티베트 경제자원의 대부분을 이들이 독점하고 있음을 짐작하게 해준다. 예를 들면, 티베트의 위장卫藏지역은 총 418가家의 귀족가문이 장원을 부여받았다. 이들 중 100년간 장원과 노예를 지속적으로 하사받은 귀족가문은 350여 가구로 집계된다. 이들은 티베트 지방정부로부터 토지와 농노를 지속적으로 부여받았다. 또 이들 중에서 25가 정도가 19세기까지 방대한 규모의 장원을 계승하고 있었는데 소유하고 있는 토지의 면적을 측정하기 어려울 정도였다. 추적해보면, 당시 후장后藏의 장쯔江孜지역에서 가장 큰 위세를 떨치고 있던 가문은 파줴라캉帕觉拉康가문이었는데 총 31채의 장원, 토지는 6,500克, 목장 12개, 소와 양을 합쳐 7,000두, 농노는 3,000명 정도를 소유하고 있는 것으로 파악됐다.[91] 귀족 가문의 구성원이 불교사원이나 지방정부로 진출한다는 것은 가문의 경제적 자산인 장원을 더욱더 확산시킬 수 있는 중요한 방법일 뿐만 아니라 정치적 위기에도 가문을 지킬 수 있는 유용한 수단이었다. 따라서 귀족들은 최대한 장원을 근간으로 그 가문의 지위와 세력을 확장했는데 여기에는 사원의 라마 집단과 연대가 있었기에 가능했다.

아래의 도표는 1959년 이전까지, 티베트 사회의 계층과 경제의 상관관계를 보여주는 지표다. 즉 티베트는 관가官家, 세속귀족貴族, 불교사원의 라마승으로 형성된 3대 영주가 정치, 종교, 경제의 핵심축을 이루고 있었다. (1)(2)(3)의 부류들은 당시 티베트 전체인구의 5%에밖에 안 되는 소수였지만 전국의 방대한 토지, 목장, 산림, 산천과 주요 목축을 장악하고 있었다. 그 외에 95%의 농노는 사실상 3대 영주의 관리 속에서 생활을 유지하고 있었고 티베트의 농노는 크게 차파差巴, 퇴용堆穷, 낭

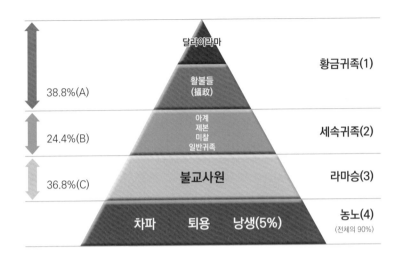

生朗生으로 구분되는데 이들은 티베트 전체인구의 90%를 차지하고 있었으며 이중 노예 등급으로 다시 분류되는 낭생은 5%의 인구 비율을 보였다. 이들에게는 토지의 소유권이 없었으며 인신의 자유와 혼인의 문제 또한 자율권이 허락되지 않은 것으로 전해진다. 또한 이들의 이러한 처지와 신분은 대대로 세습되었다. 티베트의 계층구조와 관련하여 티베트인 뛰지에차이단多杰才旦는 다음과 같이 말한다.[92]

사원은 해당 지역에서 독립적인 경제적 주권을 행사할 수 있었다. 티베트의 토지와 농노의 최종 소유권은 원칙적으로 티베트 지방정부에 있었다.

실질적으로 불교사원, 관료와 귀족 등이 티베트의 95% 이상의 경작지와 목장, 목축 등 주요 생산 수단을 점유하는 동시에 농노의 인신을 점유한 것으로 보인다. 이중에서도 사원이 가장 강력한 경제적 기반을 소유했다. 1959년 이전 사원과 사원에 속한 라마승은 티베트 경작지의 약 37%를 소유했고, 목축이나 목장 소유도 이와 비슷한 비율이었다. 불교의 발전과 유지를 위해 막대한 경제적 지출을 서슴지 않는 티베트 정부의 색채를 고려할 때, 사원과 라마승들이 티베트 사회에서 부富의 소유자임과 동시에 최대 소비자임을 확인할 수 있다.

티베트의 농노계층米塞

상층 농노계층	하층 농노계층
차파(差巴) (1) 90% 중 10% 살만한 편임 (2) 가난하지만 굶지는 않음 (3) 토지 세습 가능 (4) 납세와 부역의 의무	퇴군(堆穷) (1) 속박퇴군(束縛堆穷) (2) 미파퇴군(米波堆穷)
	(3)낭생(朗生)
천민 계층	

위의 표를 보면 티베트의 농노계층인 미새米塞는 티베트 전체인구의 90% 이상을 차지하며 이중 상층 농노인 차파와 하층 농노인 퇴군 및 낭생 등으로 구분할 수 있다. 사회적 지위를 보면 차파는 비교적 그 입지가 높고 경제적으로도 여유가 있는 계층으로 볼 수 있다.

주로 장원의 농목업 생산을 담당하고 있는 차파는 지주로부터 위탁받아 상당한 토지의 경삭을 관리하기도 한다. 또한 이러한 토지들은 자녀들에게 세습이 가능하다. 차파의 가정은 서면화된 토지계약서를 가지고 있기도 했다. 따라서 그들이 속한 지주들에게 복무해야 할 의무가 매우 넓었는데, 여기에는 각종 부세는 물론 다양한 인력과 노역까지 포함되었다. 차파 중에 약 10%는 의식주를 걱정하지 않는 농노에 속한다. 이들은 생활이 다른 농노계층에 비해 여유롭고 심지어 낭생을 부릴 수도 있었다. 그리고 대략 20%의 차파는 중등의 수준을 보장받고 있으며 나머지 70%의 차파가 제일 하층의 수준을 유지한다. 이들은 상황에 따라 언제든 낭생이나 퇴군의 계층으로 전환될 수도 있는 계층이었다. 차파보다 하층인 퇴군은 장원에 구속받은 속박퇴군束縛堆穷과 그렇지 않은 미파퇴군米波堆穷으로 구분된다. 전자는 소량의 토지를 보유할 수 있는데 그 토지는 협동화된 가정단체의 소속이 아니라 개인의 땅으로 인정되었다.

미파퇴군은 본인이 자율적으로 거처와 노동 공간 및 지주를 선택할 수 있다. 따라서 미파퇴군의 주요 생존방식은 차파의 토지를 차용하여 경작하는 것이다. 퇴군은 차파로부터 차용한 토지를 경작하고 노동력으로 세금을 대신하는데, 이와 같은 부역방식은 납세자의 필요에 따라 노동 일수와 시간으로 규정할 수 있다. 이는 속박퇴군과 미파퇴군이 같으며, 모든 퇴군은 단지 개인적인 신분으로 다양한 토지자원을 사용하는 것에 불과하며 토지에서 나오는 자원을 세습할 수 없다. 이들은 자신이 소유한 생산의 토대가 없어 오로지 노동력을 바탕으로 생계를 유지하는 하층 농노에 속하는데 주로 수공업자, 걸인, 떠돌이 예술인, 대장장이, 도살자 등이 이 부류에 속한다. 이들은 차파 중의 상류층인 대차파大差巴의 토지를 임대해서 생활을 유지 할 수 있지만 장원의 영주에게는 인두세를 바쳐야 했다.[93] 낭생朗生은 티베트어로 집에서 기르는 가축이란 의미인데 노예를 의미한다. 그들은 대부분 영주의 지배를 받는 입장이어서 인신의 권리조차 주장하지 못하는 신분으로 볼 수 있다. 심지어 혼인도 영주의 허락이 있어야 할 수

티베트에서 농노가 도망갔다가 잡혀 오면 가혹한 처벌을 받았다.
(티베트 백만 농민 해방 기념관, 라싸)

있다. 낭생의 자녀들은 부모의 신분을 세습 받았으며 대대로 노예의
신분을 벗어날 수 없었다. 이들은 티베트 농노계층 중에 가장 곤궁하
고 비천한 계층이라 할 수 있다. 통계에 따르면, 1959년 전까지 티베
트 전 지역에 존재하는 낭생의 숫자는 대략 6만 명으로 추산된다.[94] 일
반적으로 장원 관리의 주요한 내용은 두 가지로 볼 수 있는데 첫 번째
가 생산관리이고 두 번째가 행정관리다. 생산관리의 주요 대상은 농
업과 목업이고 그다음이 수공업, 고리대, 상업의 순이다. 이중 수공업
분야는 낭생이 담당했다.

티베트 사회는 농노주의 기득권과 이익을 유지하고 공고히 하기 위해서 일련의 법전法典을 제정하기도 했다. 사람들의 계층을 명확하게 3등 9급 제로 나누어 법률상으로 신분을 규정하고 있는데 특히나 농노에 관하여 엄격하게 신분의 제한과 그 역할의 범위를 규정하고 있었다. 만일 농노가 속한 범위를 이탈하거나 저항하면 영주는 엄격하게 형벌을 내릴 수도 있었다. 만약 농노 중에 라마승이 되고자 출가를 원하면 농노주의 허락하에 지정된 사원에 들어갈 수도 있다. 하지만 환속한다면 다시 소속된 장원으로 돌아와야 한다. 또한 매년 부납해야 할 세금을 내지 못하고 도주하면 영주는 사람을 파견하여 잡아 오기도 했다.

원리

티베트인들은 카일라스를 오체투지로 다녀오면 자신의 업을 씻을 수 있다고 믿었다.

순례자
저의 업業을 정화하고 싶습니다.

라마
카일라스를 다녀오세요.

일 년 뒤 순례자는 카일라스 앞 호수 근처에 도착했다. 그곳에는 마침 먼저 와있던 순례자들이 모닥불을 피워놓고 도란도란 이야기를 나누고 있었다. 그들이 둘러앉아 있는 곳은 정액의 호수였다. 호수는 끈적거리고 무거워 보였다. 그들은 바닥에 둥글게 둘러앉아 담소를 나누고 있었다. 순례자가 저만치 서서 두 손을 모으고 물었다.

같이 불을 쬐어도 될까요?

남자 1
그럼요. 와서 앉아요.

무슨 이야기들을 하고 있었나요? 순례자는 불 쪽으로 몸을 돌리며 물었다.

남자 2
내가 들은 오래전 이야기라오.

무슨 이야기일까요? 순례자는 축축한 양말을 벗고 발등을 모닥불 쪽으로 뻗으며 남자 2를 쳐다보았다.

남자 3
저기, 보이는 카일라스, 그곳의 정상에 올라간 사람들의 이야기라오.

그는 모닥불에 잔가지를 부러뜨려 던지며 회상하는 표정으로 잠시 있다가 오래전 순례자들의 이야기를 말했다.

◆◆◆

오래전 순례자 1
저기, 저곳에 우리를 만든 신이 산다지?

오래전 순례자 2
나도 들었네. 올라가 볼까?

낙원의 몰락: 티베트 이전의 샹그릴라

오래전 순례자 3

어떻게 올라가? 저 높은 곳을? 바람도 불고 말이야.

오래전 순례자 2

돌을 쌓으면 되지. 호수 주위의 돌을 가져다 쌓고 쌓아서 저 산보다 높게 올리는 거야. 그리고 꼭대기를 내려 보면 되지. 거기서 신이 무얼 하는지 확인하는 거야.

오래전 순례자 4

오, 그러면 되겠군.

•◆◆◆•

남자 2

그들은 다음날부터 돌탑을 쌓기 시작했어요. 호수를 돌며 돌을 주워 계단을 만들었지요. 햇볕이 너무 강렬해 눈이 먼 사람도 있었지만, 그들은 멈추지 않았어요. 신의 얼굴을 보려면 그 정도 대가는 필요하다고 생각했던 모양이에요. 10년이 지나고 비가 내리던 어느 날, 그들이 쌓은 돌탑은 드디어 카일라스를 내려다보는 높이까지 올라갔습니다. 손바닥을 머리 위로 들면 태양이 내려앉을 수 있는 높이였습니다. 돌탑의 정상에 올라선 사람이 드디어 신의 형상을 보게 됐어요. 그런데 그는 너무 놀라서 땅으로 떨어질 뻔했어요. 그는 소리를 질렀습니다.

오,
저건,
우,
저건,
아,
새야! 새!

몌 내부

남자 2

신은 거대한 새의 모양을 하고 있었습니다. 새는 고개를 숙여 무언가를 쪼아 먹고 있었어요.

벌레인가요? 순례자가 물었다.

남자 3

아니요. 벌레가 아니었습니다.

그럼요? 순례자는 궁금했다.

남자 2

시간, 시간이었습니다. 사람들은 알게 되었습니다. 그랬구나. 저 새가 시간을 먹고 있어서 우리가 늙는 거였어. 우리가 죽는 이유가 저기 있었어. 사람들은 생각했습니다. 그럼, 저 새를 잡아 죽이면 시간은 멈추겠군. 그러면 우리는 영원히 사는 거야. 사람들은 흥분하기 시작했어요. 그때 새가 휙. 하고 고개를 돌렸어요. 인간들이 자신을 내려다보고 활력적으로 떠드는 것을 보았지요. 새는 분노했습니다.

옴ॐ

이것들이, 나를 넘보고 있었군.
내가 만든 질서를 무너뜨리고 있어.
감히 여길 올라와?

옴ॐ

모두의 혀를 다르게 만들어주겠어.
길거나 짧게, 둥글거나 삼각형으로, 아니 숫자 모양으로 만들어주어야지.
모두가 다른 말을 하도록 하는 거야.

옴ༀ

아니 부족해. 입을 다섯 개로 만들어주지.

얼굴의 앞과 뒤 그리고 귀 옆에 각각 하나씩 말이야.

서로 다른 말로 떠들고 먹는 것에 집중하게 만드는 거야.

옴ༀ

아무래도 부족해.

손과 발을 하나씩 더 달아주지.

지금보다 더 바쁘고 번잡스럽게 말이야.

남자 2

그렇게 마음을 먹자 새는 날개를 세워 바람을 일으켰어요. 그러자 늑
골에서 어마어마한 강풍이 나왔는데 사람들은 그 바람을 맞고 모두
탑에서 곤두박질 쳤습니다. 그리고 세상 곳곳으로 흩어졌지요. 새로
만들어진 입과 바빠진 손을 하고는 말이죠. 새는 다시 여유롭게 시간
을 먹기 시작했습니다.

티베트 사회는 윤회와 환생이라는 불교 원리로 지탱되어왔다. 고통
스러운 삶은 순환되지만, 환생은 그 삶을 다른 차원으로 전환하는 유
일한 방편으로 인식되었다.

환생과 윤회의 원리는 불교사원에서 나온다. 사원에서 나온 불교 지
식은 티베트의 정치, 경제, 사회, 문화의 모든 면에 투영되었는데 여기
에 귀족貴族과 지방정부의 합세가 이루어진다. 그들은 정교합일政教合一이
라는 특별한 사회제도를 만들었다. 이를테면 티베트의 종교지도자가
곧 통치자의 권리를 병행하는 것이다. 교권教權의 집중화라는 장점을 적
용하기 위해서다. 가령 달라이 라마가 속한 겔룩파(황교)가 권위를 갖
는 것이다. 여기에서 주목할 점은 정교합일은 외부의 힘이 추가된다는

것이다. 중원의 왕조가 될 수도 있고 몽골 혹은 티베트 귀족 가문일 수도 있다. 예를 들어, 중원의 만청滿淸시기에는 티베트 겔룩파 교단이 득세했고 몽원蒙元시기에는 화교薩迦派교단과의 밀접한 관계가 이루어졌다.[95] 정교합일의 전통과 연속성은 활불의 전세轉世라는 환생자 세습제도에 의해서 지속될 수 있었다. 이는 14세기 중엽, 티베트불교 칼마카 규파噶瑪噶舉派에 의해서 비롯되었는데 활불이라는 영적 지도자가 임종하면 반드시 그는 다른 육체를 빌려 어린아이로 환생한다는 원리다.

환생하는 존재, 활불은 티베트인들이 추앙하는 신성한 존재다. 그는 티베트불교에서 언급하는, 즉 사람이 임종하면 잠시 머무른다는 공간, 바르도Bardo에서 툭담Tukhdam이라는 영성의 경지를 보여주는 존재이기 때문이다.

필자는 라싸의 불교사원, 직공사원直貢替寺을 방문했을 때, 툭담에 대해 들은 적이 있다.[96]

필자가 티베트불교에서 말하는 '툭담'에 대해 인터뷰를 진행한 직공사원의 숨마충종 활불

낙원의 몰락: 티베트 이전의 샹그릴라

필자: 티베트불교에서는 인간이 죽으면 그 너머를 어떻게 설명할 수 있을까요?

활불: 어떻게 설명해야 할까요? 내가 배운 바로는 이래요. 그는 바닥에 쭈그리고 앉아 그림을 그리기 시작했다. 내가 서서 내려다보니 두 발로 서 있는 인간의 몸이었다.

활불: 인간의 몸은 크게 기 + 맥 + 명정 + 차크라로 구성되어 있습니다. 맥은 중맥(아바뚜리)과 우맥(라사나) 그리고 좌맥(랄라나)으로 연결되어 있습니다. 사람은 죽으면 몸 안의 맥이 순차적으로 붕괴되기 시작합니다.

필자: 중맥은 어디를 말하는 건가요?

활불: 백회, 즉 배꼽 아래 단전을 말합니다.

필자: 네.

활불: 몸이 죽으면서 우맥과 좌맥은 콧구멍으로 나옵니다.

그는 나뭇가지로 코와 콧구멍을 그리면서 말을 이었다.

활불: 몸이 죽으면 망자는 두 가지 색을 볼 수 있어요.

필자: 무슨 색이요?

활불: 흰색과 붉은색. 중맥이 붕괴되기 시작하면 몸 안에 있는 하얀 요소들이 사라지게 되는데 그래서 하얀 것을 순간적으로 경험하게 됩니다.

필자: 왜, 흰색인가요?

활불: 그건 우리의 몸이 엄마의 뱃속에서 형태를 갖추게 될 때, 처음에는 하얀 것들로 구성되기 때문이죠. 아버지의 정자를 의미해요. 그래서 죽을 때는 흰 것들이 먼저 사라지는 거죠. 아버지한테 받은 하얀 요소가 죽게 되면서 하얀 것을 경험하게 되는 겁니다. 이때 우리의 거친 몸이 먼저 죽는 겁니다. 이 시점에서 '나'라는 개념도 없어지게 됩니다. 이때 분노, 증오, 질투, 미움의 요소들이 벗겨집니다. 그러면 마음이 명료하게 됩니다.

필자: 그다음에는요?

활불: 그다음에는 붉은 요소가 사라지기 시작합니다. 이때는 붉은 상황을 경험하게 됩니다. 해가 질 무렵의 노을이라고 할까요. 이때, 평화로움과 안정감을 경험합니다. 집착, 욕망, 욕심의 요소가 벗겨지기 때문입니다.

필자: 붉은색이라면, 이건 엄마를 의미하는 건가요?

활불: 네. 맞아요. 거친 몸이 또 한 번 벗겨지는 거죠. 그래서 마음이 아주 미세한 상태로 변합니다. 이때는 주체와 객체의 구별이 없는 상태인데, 사실 주체와 객체의 분별은 불교에서 삼륜이라고 하는데, 이때 이게 없어지는 겁니다.

필자: 그다음은요?

활불: 그다음은 깜깜함을 경험합니다. 즉 망자는 흰색, 붉은색, 검은색을 차례로 경험하면서 그 색들이 사라지는 것을 보게 되는데 이를 불교에서 말하는 탐貪, 진瞋, 치癡의 번뇌가 하나씩 벗겨지는 과정이라고 보면 됩니다. 정리하자면, 몸의 죽음은 탐진치와 모든 습관 그리고 업이 벗겨지는 과정이라고 할 수 있습니다.

필자: 그럼, 뭐가 남는 건가요?

활불: 우리의 불성, 순수한 본성만 남는 거죠. 그 본성을 티베트불교에서는 우쎌(투명한 빛) 이라고 합니다. 우는 '빛'을 말하고 쎌은 '명료' 또는 '명징'을 의미합니다. 그래서 죽을 당시에 우리는 그 순수한 본성을 지나가는 과정을 마주합니다. 여기가 중요합니다.

필자: 왜요?

활불: 그때, 망자가 그 순수한 빛을 알아보면, 바로 그 시점에서 해탈(윤회에서 벗어남)의 기회를 얻을 수 있기 때문입니다. 툭담Tukhdam 현상이 일어나기 때문이지요.

필자: 툭담이요?

활불: 툭담은 죽을 당시의 삼매를 말합니다. 툭담 상태는 아직 죽은 상태가 아니라고 봐야 합니다. 그러므로 망자는 몸은 죽지만 몸 안에서 어떤 현상이 일어나는가를 관찰해야 합니다. 이때는 몸이 유연하기 때문입니다. 거칠고 더러운 마음의 때가 벗겨졌기 때문입니다. 그리고 죽을 당시보다 훨씬 밝고 아

126

름다운 모습으로 변합니다. 우리는 이것을 위해 수행하기도 합니다. 나의 스승님은 이 사원에서 위대한 활불로 불리었는데, 그가 임종했을 때, 나는 그걸 본 적이 있어요.

필자: 뭐요?

활불: 툭담의 형태요

필자: 어떻게요?

활불: 스승님이 동굴에서 죽은 채로 앉아 있었는데 똑바로 앉아 있는 거예요. 기울어지거나 허리가 굽지 않고, 이렇게 바로 앉아 있었어요.

하면서 그는 자세를 보여주었다.

필자: 믿어지지 않아요.

활불: 그럴 겁니다. 직접 보기 전에는 말이죠. 그때 나는 스승님을 안았는데 가슴 부위가 따뜻했어요. 죽었는데 말이죠. 그리고 심지어 몸은 부패도 되지 않고 탄력이 있었어요. 아마도 스승님은 법력으로 툭담에 드는 그 본성 자리에 계속 머물러 있던 것이 아니었나 생각해요. 스승님의 몸은 썩지 않고, 그런 상태로 하루, 이틀, 1주, 2주, 한 달간 그대로 있었습니다. 두 달이 다가오자 사원의 큰 스승님이 와서 몸에서 의식을 불러내는 주문을 걸었습니다. 그때서야 비로소 스승님의 몸에서 의식이 나오고 몸이 쓰러지면서 사망이 된 겁니다.

필자: 일반인도 가능한가요?

활불: 수행자만 가능합니다.

필자: 왜죠?

활불: 체계적인 수행과 훈련이 없기 때문이죠. 그래서 이곳의 라마들은 본성을 인지하는 연습이 중요시하게 여깁니다. 수행의 힘이 깊어지면 죽음에 임해서 해탈의 기회를 얻게 되는 겁니다. 죽어서 거친 몸이 벗겨지면 경계가 없는 마음이 들고, 허공처럼 날아다니는 먼지처럼 자유로우면서 명료하고 평화롭고 고요한 마음자리를 얻을 수 있습니다. 바르도에서 해탈의 시간을 가지게 되는 거죠.

필자: 그렇군요.

활불: 그러므로 티베트불교에서는 가장 해탈하기 쉽고 빠른 방법은 바로 죽음에 임했을 때라고 생각합니다.

티베트에서 말하는 활불은 이런 경지에 오른 영성이 강한 라마를 말한다. 오랜 수행을 거쳐 라마에서 활불이 되면 그는 임종과 동시에 환생자로 다시 탄생한다. 어디서, 언제, 어떤 아이로, 어떤 집안에서 태어날지는 아무도 모른다. 따라서 사원마다 활불이 임종하면 신탁이나 해몽, 언동의 의미, 소유물에 대한 기억 등을 헤아려 다음 환생자 찾기에 나선다. 대표적인 인물이 바로 달라이 라마다. 따라서 활불이라는 존재는 사원의 위상과 권력을 만들고 신도 확산에 도움을 주는 위력적인

티베트에서 불교사원에 출가하여 라마로 산다는 것은 특수한 계층에 속한 것이라고 볼 수 있다. 그들은 노동보다는 불교적 진리와 수양을 호소하는 것으로 생계를 이어간다.

낙원의 몰락: 티베트 이전의 샹그릴라

존재라고 할 수 있다. 고립된 생존환경 속에서 티베트가 오랫동안 견고하고 단단하게 자신만의 정체성을 확립하며 성장한 이유는 바로 이런 영성을 갖춘 활불과 그들이 은거하는 불교사원 때문이라고 보는 이유가 여기에 있는 것이다.

환생자

환생의 핵심은 영혼의 연속성에 관한 이동과 그 이동에 관한 신뢰의 문제라고 볼 수 있다. 〈티베트 사자死者의 서書〉에서는 환생에 관하여 다음과 같이 설명하고 있다.

> 인간의 욕망이 바로 그의 운명이다. 왜냐하면 그의 욕망이 바로 그의 의지이기 때문이다. 그리고 그의 의지가 곧 그의 행위이며, 그의 행위가 곧 그가받게 될 결과이다. 그것이 좋은 것이든 나쁜 것이든. 인간은 그가 집착하는 욕망에 따라 행동한다. 죽은 다음에 그는 그가 한 행위들을 마음에 지니고서 다음 세상으로 간다.[97]

요컨대 환생이란 다시 세상에 존재함을 의미하는데 이를 티베트에서는 미묘한 의식의 연속성으로 인식한다. 이에 관해 14대 달라이 라마는 다음과 같이 설명했다.

> 불교에서 환생 개념을 받아들이는 근거는 기본적으로 의식의 연속성에 있습니다. 물질계를 예로 들어보겠습니다. 우리는 우주 안에 있는 요소들을 아주 미시적인 차원에 이르기까지, 그러니까 물질계의 모든 요소가 우주 입자라고 알려진 것 속에 응축되어있는 최초의 지점까지 추적할 수 있다고 믿고 있습니다. 그런데 이 우주 입자들은 이전의 우주가 붕괴 되어 산산이 흩어진 상태라고 합니다. 따라서 우주가 진화하고 붕괴하는 순환이 계속 반복되고, 소멸 된

모든 것은 다시 존재하게 됩니다. 물질계와 마찬가지로, 마음도 그 과거와 연속성을 가지고 있음이 분명합니다. 따라서 우리가 지금 이 삶에서 전생의 마음 또는 의식을 추적할 수 있다면, 물질계의 기원과 마찬가지로 마음의 연속성에 대한 기원을 무한 차원까지 추적할 수 있음을 알게 될 것입니다.[98]

티베트에서 말하는 환생의 원리는 모든 생명체가 이 땅에 계속 태어나는 것은 카르마※ 때문이라고 설명한다. 우리가 어떤 생각과 행동을 하든지 간에 우주는 그에 대한 반작용을 일으켜 균형을 유지하려는 경향이 있는데 우리의 생각과 행위가 그 작용에 영향을 미친다는 개념이 카르마다. 다시 말해서 원인과 결과의 복합적인 상호작용을 통해 모든 불완전함이 해소될 때까지 환생의 과정은 멈추지 않는다는 것이다. 티베트에서 죽음 너머의 세계가 사람들에게 관심을 받는 이유다. 티베트인들은 환생을 믿기 때문에 누군가가 죽더라고 우울하거나 절망하지 않는다. 다만 이생에서 카르마의 누적이 염려될 뿐이다. 다음은 필자가 사원에서 수행중인 라마승과 환생에 관한 문답 내용이다.

필자: 사원에서 주로 어떤 수행을 하나요?

라마: 꿈 요가를 합니다.

필자: 처음 듣습니다.

라마: 꿈은 원래 불투명하고 자각이 없는 상태입니다. 그러므로 꿈에서 깨어있는 상태를 꿈에서 경험해야 한다고 배웠습니다. 밤에는 꿈으로 업이 나타나는 경우가 많습니다. 따라서 꿈속에서 자신의 의지로 깨어날 수 있으면 꿈을 통해서 자신의 무의식을 알 수 있습니다. 수행이라는 것은, 무의식을 드러나게 하는 훈련입니다. 반복되는 꿈은 메시지를 가지고 있습니다.

필자: 어렵습니다.

티베트인들은 달라이 라마가 환생자임을 굳게 믿고 있다.

필자가 환생에 관하여 인터뷰한 **사원의 **활불(런보체).

라마: 꿈 요가의 핵심은 꿈을 기억하는 것입니다. 훈련하고 연습할수록 많이 더 자세히 꿈의 내용을 기억할 수 있습니다. 나중에는 밤에 꾼 모든 꿈을 기억할 수 있습니다. 자각몽이 가능해집니다. 꿈에서는 자신이 지은 업이 유연해지기 때문입니다. 꿈 요가를 훈련하면 꿈에서도 깨달음을 얻을 수 있습니다. 꿈에서는 물질적인 원리에 지배받지 않기 때문입니다.

필자: 꿈을 기억한다고요?

라마: 꿈 안에서 스스로 깨어나 꿈의 내용과 자신을 들여다볼 수 있으면 바르도에서 깨어나는 것과 같습니다. 해탈의 기회가 오는 겁니다. 그런 사람은 자기 부모를 결정할 수도 있습니다. 환생을 결정할 수 있기 때문입니다.

필자: 방금 말씀하신, 바르도란 어떤 공간이고 어떤 특징을 가지고 있나요?

라마: 바르도는 중음中陰을 말하는 것인데 몸이 죽은 후, 49일 동안 머무르는 장소라고 할 수 있습니다. 〈바르도 퇴돌〉이라고 부릅니다.

필자: 바르도 퇴돌이요?

라마: 바르도는 사이, 퇴Tho는 듣는 것, 돌dol은 해탈을 의미하죠. 그 책을 지은 파드마삼바바의 주요 가르침은 족빠첸포(족첸)입니다. 족빠는 완벽함을 첸포는 위대하고 큰 것을 말하죠. 즉 대원만大圓滿의 가르침을 말하는 것인데 한마디로 말해서 본성수행을 말합니다. 뗄마라고 들어본 적 있나요?

필자: 아니요.

라마: 그건 숨겨진 보물이라는 의미로 파드마삼바바가 자신이 쓴 경전, 그러니까 〈티베트 사자의 서〉를 나무 밑에 숨겨놓기도 하고, 바위에도 숨겨놓기도 하고, 강가에 숨겨놓은 것을 말합니다. 그 경전을 찾는 사람들을 뙬뙨이라고 합니다. 티베트불교 닝마파에서는 6가지 바르도를 비교적 상세하게 설명해 놓았습니다.

필자: 듣겠습니다.

라마: 첫번째 단계는 이생에(태어나서 죽을 때까지)의 바르도 즉 〈싯. 베 바르도〉라고 합니다. 두 번째는 꿈의 바르도 즉 〈밀람 바르도〉인데 잠드는 순간부터 아침에 깰 때까지를 말합니다. 세 번째는 〈혼란의 바르도〉라고 하는데 꿈에서 수행하는 꿈 요가를 말합니다.

132

필자: 단계가 분명하군요.

라마: 명상을 하는 이유는 산만한 생각에서 벗어나기 위해서, 즉 탐진치의 분별심으로부터 해탈되고자 하기 위함인데 이게 바로 바르도의 경지입니다. 생각에서 벗어난, 깨어난 상태 그게 명상의 바르도 상태입니다. 인간은 죽으면 3가지 바르도 상태를 경험하게 됩니다.

필자: 어떤 거죠?

라마: 처음에는 고통스러운 〈죽음의 바르도〉입니다. 왜일까요?

필자: 몸이 힘들기 때문 아닐까요?

라마: 집착 때문입니다. 이생을 집착하는 만큼 고통스러운 것도 없지요. 그래서 죽음의 때가 중요합니다. 후회 없고 두려움 없이 죽는 것이 중요합니다. 따라서 이생의 집착을 내려놓는 것이 수행의 기본입니다. 이름, 명예, 물질, 몸, 나에게 집착하지 않는 겁니다. 두 번째는 〈법성의 바르도〉입니다. 재생의 바르도라고도 하는데 법성은 실상인데 실상이 현현해서 빛과 소리 이미지를 우리에게 보여줍니다. 세 번째는 〈재생의 바르도〉(중음, 49일)입니다. 이것은 업에 의해서 일어나는 현상들입니다. 재생의 바르도는 몸이 다시 구성되는 시간입니다. 거친 몸은 죽을 당시에 모두 벗겨집니다. 그리고 미세한 몸의 구성원들, 즉 지수화풍地水火風이 무너집니다. 인간의 몸은 5가지 요소(지수화풍 + 허공)로 구성되어 있는데 이것들이 이 단계에서 무너지는 겁니다. 그리고 결국 몸 안의 미묘체 그게 붕괴되는 겁니다.

필자: 미묘체란 무얼 말하는 건가요?

라마: 짜(Tsa 맥) + 룽(Lung 기) + 명점 + 차크라(원/바퀴)입니다. 인간은 죽음을 맞으면 이런 미묘체가 사라지는 겁니다. 붕괴가 되면서 의식과 우리의 모든 업도 다 벗겨집니다. 그리고 망자의 불성만 남게 되는 겁니다. 그 불성을 티베트불교에서는 정광명正光明이라고 합니다. 투명한 빛이라고 하는데 그 빛을 의식이 지나갑니다. 그때, 의식이 빛을 스쳐 지나갈때 빛을 알아보면 해탈을 하고 알아보지 못하면 법성의 바르도가 열리는 겁니다. 그런데 여기서 법성의 바르도조차 알아보지 못하면 그 찰나의 순간이 금방 지나가고 그다음에 재생의 바르도에서 다시 몸이 이렇게 생겨요. 그 재생의 몸에서 생긴 몸은 꿈에 있는 몸처럼 아주 미세한 몸을 구성합니다. 재생의 바르도에서 그 몸으로 49일 동안 영가로 지내면서 내생까지 49일 동안 돌아다니는 겁니다. 여기서는 굉장히 혼란

마음 내부

133

스러움을 경험합니다. 때로는 영가들은 자기가 죽었다는 사실도 몰라요. 하지만 티베트 사자의 서에서는 자신이 어떻게 죽었는지 확인하는 방법이 있습니다.

필자: 어떻게요?

라마: 가령 해와 달을 자각하지 못하는 겁니다.

필자: 그게 무슨 말이죠?

라마: 임신을 하게 되면, 엄마 배속의 태아는 가장 먼저 빨강 색과 흰색으로 구성됩니다. 엄마에게는 빨강색(피)을 아빠에게는 흰색(정자)을 부여 받았기 때문입니다. 그래서 우리는 살아 있으면 해와 달을 자각할 수 있는 겁니다. 근데 우리가 죽을 때는 붉은 요소와 하얀 요소가 벗겨집니다. 그래서 죽은 망자가 다시 태어날 때까지는 해와 달을 자각할 수 없습니다. 또 그림자도 없고, 거울에 비치지 않습니다.

필자: 그렇군요.

라마: 망자의 힘은 생각보다 셉니다. 현생의 우리는 거친 몸을 가지고 있기 때문에 신통력이 적습니다. 하지만 망자는 우리의 마음을 읽을 수 있습니다. 그들은 우리를 볼 수 있죠. 그들은 서로가 볼 수 있고 49일 동안 배고픔과 갈증을 느끼기도 합니다. 그래서 티베트불교에서는 망자에게 음식 공양을 할 때면 음식을 태워서 냄새를 망자들에게 보냅니다. 그들이 냄새를 맡을 수 있게 하는 것인데 대부분 우유, 설탕, 요구르트 등의 하얀 음식을 보냅니다.

필자: 그럼 티베트 사자의 서는 왜 중요한 건가요?

라마: 그건 죽음과 탄생에 대한 교훈 때문입니다.

필자: 어떤 거요?

라마: 이런 겁니다.

두려워하지 말라.
모든 것이 마음이다.
보고 있는 모든 현상은 마음이다.
인지와 해탈은 동시에 일어난다.

134

가령 자기가 죽었다는 것을 알면 즉 알아차림이 있으면 해탈을 도모할 수 있는 기회가 주어지는데 망자들은 그런 알아차림이 없기에 해탈하기 어렵죠. 그래서 우리들이 필요한 겁니다. 망자들은 몸이 없기 때문에 집을 생각하면 바로 집으로 갈 수 있고 초원을 생각하면 바로 초원으로 갈 수 있습니다. 거친 몸이 없기 때문입니다. 그러니까 생각을 하면 바로 원하는 자리에 갈 수 있습니다. 그냥 자기가 지은 업의 바람Wind Karma에 따라서 여기저기 떠돌아다닐 수 있습니다. 하지만 자각은 없습니다. 티베트 속담에 〈어젯밤 꿈에서 깨어있지 못하면 어찌 바르도에서 깨어 있을 수 있겠느냐?〉하는 말이 있습니다. 그래서 라마들은 꿈에서도 깨어날 수 있도록 훈련을 하는데 그게 바로 꿈 요가입니다. 그렇게 훈련해서 꿈에서라도 바르도 상태를 알아차리면 해탈 할 수 있습니다. 그러므로 마음의 힘이 중요합니다. 그걸 발원이라 하는데 바르도 상태에서는 그 힘이 배가 됩니다. 따라서 죽음의 바르도에서 해탈하기가 가장 쉽습니다. 업이 잘 움직여 주기 때문입니다. 인간의 힘으로 커다란 나무를 움직이기는 힘듭니다. 하지만 호수에 넣으면 잘 움직일 수 있죠. 그와 같이 우리의 업이 죽음의 바르도나 재생의 바르도에서는 잘 움직입니다. 해탈하기 쉬운 조건입니다. 그러므로 해탈할 수 있는 제일 좋은 기회는 죽음의 바르도 상태입니다. 이것이 우리들이 수행하는 포와Phowa입니다. 포와 수행은 죽을 당시에 해탈하는 방법 중의 하나입니다. 임종한 사람들은 죽고 나서 21일 동안 업을 바꿀 수 있는 기회가 있습니다. 우리가 공덕을 그들 대신에 쌓거나 그들의 이름을 올리고, 기도로 부탁하면 됩니다. 그들의 미래가 아직 정해지지 않았기 때문에 가능합니다. 하지만 49일이 지나면 할 수 있는 게 없습니다. 49일이 지나면 그들의 미래는 정해지기 때문입니다.

티베트불교의 관점에서 보자면 현생의 모든 것은 전생의 결과라고 볼 수 있다. 현생에서 영화를 누릴 수 있는 것이나 불행한 삶을 누리는 것이나 모두 전생의 업業의 누적 때문이라는 것이다. 〈티베트 사자의 서〉에서는 인간은 죽기 전 얼마간의 시간이 다음 생의 내용을 결정지을 수 있는 아주 중요한 시간이라고 말한다. 윤회의 사슬을 기본적으로 끊을 수 있는 것은 아니지만 최소한의 영향은 행사할 수 있다는 것이다. 그것은 자신의 힘에 의할 수도 있고 인도자(활불)의 능력에 도움을 받을 수도 있다.

티베트 사회에서 달라이 라마로 상징되는 활불이라는 존재는 환생을 극복한 인물로 추앙된다. 일반인의 관점에서 보자면 활불은 수행을 통해 영혼의 연속성에 도달한 라마다. 그래서 신비롭고 신神의 영역에 도달한 인간처럼 보이는 것이다. 예를 들어 달라이 라마를 보면 오늘날까지 14명이 환생을 통해 속세에 존재하고 있는 것처럼 보이지만 사실은 한 명의 달라이 라마의 연속성에 지나지 않는다. 환생의 연속성, 그건 다음 환생자를 찾는 과정으로부터 시작된다. 즉 환생자, 영동靈童을 찾는 과정이다. 순서는 다음과 같다.

달라이 라마는 겨울에는 포탈라궁에서 여름에는 로브링카에서 지낸다. (로브링카 내부의 정원)

낙원의 몰락: 티베트 이전의 샹그릴라

1. 임종이 확인되면 제자와 측근들은 이 세상에 가능한 한 빨리 돌아와 주세요. 라는 기원을 한다. 그리고 탑장塔葬으로 장례를 준비한다. 이유는 화장을 통해 몸속의 사리를 찾아내고 연기의 방향을 가늠하여 다음 환생의 위치를 파악하기 위해서이다. 심지어 유골 속에서 발자국의 형상을 찾아내어 탐색의 근거로 활용하기도 한다.[99]

2. 장례식이 끝나면 환생자를 찾기 위한 수색대가 꾸려진다. 활불의 감독하에 임종한 달라이 라마의 생전언동, 측근의 꿈, 무당의 신탁, 점 등을 참조하여 환생이 언제, 어디서 어떤 상황에서 이루어지는지 검토한다. 이 과정에서는 티베트의 전통 의식에 따라 지정된 호수, 즉 신의 호수神湖에서 어린 영동의 형상을 관측하고 점을 보기도 한다.[100]

3. 환생을 찾는 탐색단은 3인에서 7인으로 구성된다.

4. 징후가 가리키는 곳을 찾아가 전세자前世者를 예감케 하는 언동이 있는 아이를 찾는다. 대략 3살에서 6살 사이의 아이다. 아이가 전대 달라이 라마의 유품을 골라내면 전생의 기억이 존재하는 것으로 인정된다.[101] 부모의 허락을 받아 아이는 라싸의 사원으로 이동한다. 그리고 활불들 앞에서 최종 인준 과정을 받는다. 부모들은 이를 매우 영광스럽게 생각한다.

5. 포탈라궁에 들어간 환생자는 라마들에게 맡겨져 종파의 전통(불교철학)을 교육받고 각별한 보살핌을 받는다.

실체
제

귀족의 정체

국가이건 사회이건 몰락이라는 재앙은 한 번에 오지 않는다. 조짐을 보이며 서서히 붕괴의 과정을 겪는다. 하지만 대다수가 눈치채지 못하다가 몰락의 수모를 겪는다. 티베트는 전통적으로 스스로 살 수 있는 자유 농노의 수는 많지 않았고, 대략 1만 명 정도가 중산 계급이었는데 이들은 상인이나 영세 무력상들이었다. 나머지는 유목민이거나 귀족의 노예였다. 이들에게는 재산이라고 할만한 것이 없었다. 따라서 그들은 스스로 자처하여 사원에 소속되거나 귀족의 영지에서 노역하면서 살았다. 농노들은 지주나 사원의 소유지에서 임금을 받지 못하고 평생 주인의 집을 고치고, 곡식을 운반하고 땔감을 모아야 했다. 만일 혼인이 성사되면 지주에게 세금을 내야 했고, 아이가 태어나도 세금을 내야 했다. 사원에서는 세금을 내지 못하는 농노들에게 20%에서 최고 50%의 이자로 돈을 빌려주기도 했는데 만약 빚을 갚지 못하면 평생 노예 신세를 면할 수 없었다. 도망친 노예들도 있었지만 대부분 붙잡혔다. 귀족으로부터 도망친 티베트 여인은 이렇게 말하기도 했다.[102]

> 농노는 주인 마음입니다.
> 뭐든 주인 마음대로 부릴 수 있어요.
> 노래, 춤, 북 치기 등 모든 것을 해야 합니다.
> 일자리를 구하러 다른 마을로 넘어갈 때는 세금을 내야 합니다.

사원에서 양 두 마리를 훔치다 도망친 농노(남자)는 이렇게 말했다.[103]

중국 측이 제시하는 도망친 농노의 처벌 행태
(출처: 티베트 백만 농민 해방 기념관, 라싸)

被抽掉了脚筋的牧民扎西

被寺庙监禁毒打致残的农奴泽仁塔

被打瞎了双眼的农奴穷吉

闯入
世界屋脊的人

"像发生在这块与众不同的土地上的其他事物一样，惩罚也是十分严酷的。切断手足，包括挖眼都是惩罚各种罪犯所采用的方式。……虽然很少执行死刑（佛教禁止杀生），但是把犯人推下山崖或把犯人缝进口袋扔进河里则是屡见不鲜的。另一种惩罚只能由达赖喇嘛来执行，那就是宣布一个人的灵魂不能再生。这就意味着他只能在地狱的边缘徘徊。宣布的同时，也宣判死刑。"

——《闯入世界屋脊的人》，彼得·霍普柯克【英】

눈알 파내기, 혀 뽑기, 수족 절단
등의 처벌이 두려웠어요. 나는 최선을 다해 도망쳤지만 결국 잡혔지요. 그
리고 라마가 제 눈을 뽑아버린 순간 종교는 아무 소용이 없다고 생각했지요.

티베트 귀족과 농노와의 관계를 미국의 진보적 평론가 마이클 파렌
티Michael Parenti는 〈조작된 신화 - 낯익은 봉건주의〉Friendly Feudalism: Tibet
Myth에서 이렇게 말했다.[104]

티베트 전체의 90%의 인구를 차지했던 농도들은 라마들과 봉건 귀족(지
주)들이 지배하는 끔찍한 사회에서 노예의 삶을 살았다는 것은 의심할 여지
가 없다.

그의 주장은 이렇다.[105]

기독교, 유대교, 힌두교 그리고 이슬람교의 역사는 폭력으로 점철되어 있다.
수백 년 동안 종교인들은 신의 명령이라고 주장하면서 이단자들, 이교도들, 심
지어 같은 종파의 신자들을 학살했다.
그런데 불교는 이와 다르다고 말하는 사람들이 있다. 다른 종교의 폭력적
역사와는 뚜렷이 대조된다는 것이다. 서구의 수행자들에게 불교는 단순한 신
학을 넘어 영적, 심리적 수행이다. 불교는 깨달음과 자신과의 합일을 촉진한
다고 일컬어지는 명상 기법을 제공한다. 그러나 다른 믿음 체계와 마찬가지
로 불교 역시 그 가르침뿐만 아니라 그 지도자들의 사회적 행정을 함께 평가
받아야 한다.

미국의 인류학자이며 티베트 연구가인 멜빈 골드스타인Melvin C.
Goldstein의 책 〈티베트 현대사 1913~1951: 라마 국가의 붕괴〉에서도
비슷한 내용이 보인다.[106]

17세기 초에서 18세기까지 티베트불교 종파들은 서로 무력 충돌했고, 즉 결 처형도 했다.

소설이나 영화에서 나온 것처럼 티베트는 영적으로 충만한 지상 낙원의 땅이 아니라는 점, 그건 종교적 전쟁에 가까운 티베트의 역사를 살펴보면 확인할 수 있다. 환생한 신성으로 여겨지는 달라이 라마는 술과 여자에 빠지기도 했고, 파티를 즐겼으며, 심지어 5명의 달라이 라마는 암살로 간주될만한 정황도 있다. 티베트는 지주와 라마들을 위한 낙원이다. 경제적 착취는 노동력과 폭력 그리고 종교적 신념이 필요하다는 전제하에서 1959년 전까지 농노들이 담당하고 있었다. 사원과 귀족들이 방대한 땅을 소유하고 있었고 무역과 사업 심지어 사채도 하고 있었다.

카라스코P. Carrasco는 그의 평론서 〈티베트의 토지와 정치체제〉西藏的 土地與政体에서 1951년 전까지 티베트 사회는 외부세계와 격리된 봉건封 建사회라고 주장한다.[107]

144

귀족이 보유하고 있는 장원은 영지領地와 분지份地로 나뉠 수 있는데 전자는 영주가 직접 관리하는 것이고 후자는 농노가 관리하는 것이다. 귀족은 대소의 차이는 있지만 이와 같은 경제력을 바탕으로 티베트 정부와 사원에 영향을 미쳤다. 1917년 티베트의 사원이 보유한 토지 점유율은 42%, 정부가 보유한 토지 점유율은 37%, 그리고 귀족이 보유한 토지점유율은 21%에 육박한다.[108]

라싸에는 달라이 라마의 가족으로 구성된 아계亞鷄[109] 라는 귀족 가문이 있다. 티베트에서 이 가문은 황금귀족黃金貴族으로 불리기도 한다. 평범했던 가정이 어느 날 갑자기 아이가 임종한 달라이 라마의 환생자로 지정되면서부터 가정의 경제적, 사회적 수준이 수평 선상에서 수직 선상으로 격상된 사례다. 어린 아들이 전대 달라이 라마의 전

大贵族帕拉家族在其400多年的家族史上，有4人当过"噶伦"。帕拉庄园现存房屋57间，室内名贵药材、珍贵裘皮、贵重金银珠宝、名贵瓷器以及进口名酒、药物、名表等琳琅满目。图为帕拉庄园奢靡生活组图。

귀족들은 지역 불교 종파와 연대하거나 종속적인 관계로 지속되었다. 귀족 가문이 불교사원과 관계를 맺거나 정부의 관료가 되고 싶어 하는 이유는 재산의 축적이 주요 목적이었다. 귀족들은 정치, 경제의 중심지인 라싸에서 주요 관직을 차지하려면 지방의 관직부터 경험해야 했다. 그리고 일정 기간 관료로서의 경험과 재정을 축적한 다음 라싸로 진입하였다.

파랍 귀족 가문의 실내(위의 사진). 약재, 금은보화, 술 등이 보관돼 있다. 중국이 라싸를 점령하기 이전까지 티베트의 귀족들은 광활한 영지를 바탕으로 많은 농노를 장악하고 있었고 자신들 가문에 한두 명은 불교사원에 보내어 종교적으로 입지를 마련했으며 정치적으로도 적지 않은 관료를 중앙에 배출하고 있어서 티베트 사회의 특수한 계층으로 군림할 수 있었다.

(출처: 티베트 백만 농민 해방 기념관, 라싸)

세영동으로 지정되어 포탈라궁으로 들어가면 그의 부모들은 티베트 정부로부터 작위爵位나 대장원大莊園의 경제적 자산을 부여받는다. 이런 특혜는 제7대 달라이 라마 시기부터 적용된 것으로 보인다. 1729년 청은 7대 달라이 라마의 부친에게 보국공輔國公이라는 관직을 하사했다. 그러나 모든 달라이 라마의 부모가 받은 것은 아니다. 9대 달라이 라마의 가족은 어떤 관직이나 봉록도 하사받지 못했으며 10대 달라이 라마의 가족은 일등대길一等台吉이라는 비교적 낮은 등급의 관직명을 얻었다.

티베트 사회의 특성을 고려할 때 귀족 가문의 지위와 권력 유지는 귀족 구성원이 중앙 관료의 정치 입문을 통하여 고위 관직을 부여받느냐의 여부에 달려 있다고 볼 수 있다. 특히나 대귀족에 속하는 가문은 대대로 관료의 세습을 매우 중시했다. 만일 귀족 구성원의 관직이 파면되거나 세습이 힘들 경우 즉 가문의 연속성이 어렵게 되면 귀족들은 정략적 통혼 혹은 데릴사위제를 통하여 가문의 지속성을 도모하였다. 귀족사회에서 혼인은 가문의 외연확대와 힘을 키우는 유효한 방법이었다. 귀족 사이의 혼인은 당사자들 간의 감정은 그리 중요하지 않았으며 가문끼리의 공리적 요소가 중요하게 작용했다. 귀족 가문 중에 누군가가 지방정부에 진출할 경우, 즉 관직의 획득은 사회적, 경제적 특권의 보장으로 이어졌다. 따라서 귀족 집안의 아이들 특히 남자의 경우에는 어려서부터 다른 가문에 대한 경쟁 심리와 타인에 대한 배타성이 자연스럽게 배양되었다. 사실상 모든 계층의 귀족들은 현재의 삶에서 더 나은 귀족계층으로의 격상을 원했기 때문에 그들이 추진하는 모든 종교적, 사회적 활동은 특혜와 이익을 우선하였다.

사원의 라마는 가난한 유목민 출신도 있지만 유복하게 자란 귀족의 자제들도 있다.

골드스타인M. C. Goldstein 교수는 그의 논문 〈티베트 장원莊園의 주기적인 순환周轉: 활불전세제도活佛轉世制度 하의 토지와 정치의 관계〉[110]에서 귀족의 토지가 주기적으로 지역의 활불 또는 달라이 라마에게 헌납되거나 몰수되고 있다는 흥미로운 사실을 언급했다. 그는 논문에서 18세기 티베트 귀족의 경제 수준과 세습의 과정을 구체적으로 설명하면서 장원pha-gzhis을 바탕으로 하는 티베트의 귀족 가문은 유럽의 그것과는 전혀 다른 특징을 가지고 있음을 설명한다. 즉 서구의 귀족계층이 전통이나 혈통을 중시하는 반면, 티베트의 귀족 가정은 사회적 영향력이나 장원의 확대에 그 목적을 두고 있다는 것이다. 또 귀족들은 당시 서구 사회에는 없는 데릴사위제도, 가령 마파珀巴제도를 원칙으로 정해 놓았다고 주장했는데 이는 가문의 영속성과 확장을 위한 필연의 조치였다고 했다. 만약 가문에 아들이 없어 대가 끊긴 집안은 사위를 집안으로 들이고 부인의 성姓을 따르게 하였다. 이러한 마파쩌르제도는 가문을 세습하고 유지하는 중요한 수단 중의 하나로 작용하였다는 것이다.[111] 그런데 여기서 주목해야 하는 그의 견해는 당시 귀족계층이 장악하고 있었던 토지는 지역 사원의 활불이나 달라이 라마의 교체 시기에 맞추어 순환된다는 것이다. 여기서 말하는 순환이란 귀족의 토지가 자의든 타의든 간에 지방정부나 달라이 라마에게 헌납되거나 몰수된다는 것을 의미한다. 전통적으로 티베트의 통치자들 예컨대, 달라이 라마나, 섭정활불, 귀족 집단들은 대규모의 장원과 그에 속하는 농노들을 장악하고 있었다. 그런데 이들 중 귀족 집단은 새로운 통치자가 등장하면 어김없이 토지를 헌납하는 주요 대상이 되었다는 것이다. 이는 티베트의 귀족계층이 많은 토지와 농노를 장악하고 있었기 때문이기도 하지만 여기에는 종교와 정치라는 티베트 특색의 정치구조가 작용하고 있었기 때문이었다. 이를 골드스타인은 〈장원의 순환〉이라고 간주하는데 이러한 순환 게임은 귀족들의 자산 감소로 이어졌다. 따라서 귀족계층 간의 권력의 줄서기 현상과 정치투쟁이 발생했다. 어느 불교 종파와 어떤 활불이 권력을 장악하는가에 따라 자신이 속한 가문의 흥망이 결정된다고 보았기 때문이다. 만약 새로운 통치지와 불편한 관계일 경우 가문이 장악하고 있던 토지와 농노를 빼앗길 수도 있다는 불안은 귀족들로 하여금 힘있는 종파와 사원을 주시하게 만들었다. 14대 달라이 라마는 통치 시절에 헌납받은 장원이 27개에 달하는 것으로 전해진다.[112] 불교 사원도 막대한 장원을 소유하고 있었지만 귀족처럼 순환하거나 재분

배되는 일은 없었다. 이는 티베트가 활불과 달라이 라마가 통치하는 불교 왕국이었기 때문에 가능했다.

18세기 들어와 티베트의 귀족 집단은 경제적 토대를 기반으로 막강한 권력 집단으로 부상했다. 이들은 가문의 세습과 지역 사원과의 연대를 구축하여 부와 명예를 지속하였으며 정치적 입지를 공고히 하였다. 반면 달라이 라마의 부모와 혈족으로 형성된 신흥 귀족인 황금귀족은 중원의 협조가 있음에도 불구하고 다른 귀족 집단만큼 조직적이고 체계적인 힘은 발휘하지 못했다. 이는 달라이 라마가 티베트 사회에서 영향력을 발휘하는 데 약점으로 작용했다. 이러한 상황은, 티베트가 신권神權정치이자 귀족貴族정치라는 특징을 확인시켜준다. 즉 18세기 전후를 기준으로 달라이 라마를 중심으로 하는 신권정치가 전반기였다면 후반기는 귀족을 중심으로 하는 귀족정치가 주류를 형성한 것이다. 19세기 라싸에 거주하는 귀족 집단의 영향력은 최고조에 다다른다. 당시 귀족은 범죄행위로 인하여 재산이 몰수되는 것을 제외하고는 모든 면에서 특혜를 받았다.

1950년대 귀족의 권력과 재산의 규모는 1750년대와 비교했을 때 별다른 차이가 없을 정도로 티베트 사회는 매우 봉쇄된 환경 속에서 불변성과 영구성의 사회체제를 유지해온 것으로 보인다. 사실상 귀족과 불교사원이라는 막강한 정치 집단의 사회구조는 티베트 사회를 통합시키고 하나의 종교 공동체로 집약시키는 데 있어서 중요한 역할을 한 것임에는 틀림없다. 외부세계와 단절된 지리학적 환경 속에서 사원과 귀족의 연대는 그 어떤 세력과 조직보다도 강력한 힘을 발휘했다.

귀족 가문들은 티베트 지방정부噶廈, bkav-shag113와도 긴밀한 관계를 맺고 있거나 맺으려 했다. 정부의 구조는 세속귀족으로 구성된 속관(俗官)과 라마들로 구성된 승관(僧官)으로 이루어져 있다. 이 중 속관은 일률적으로 귀족 집단으로 구성되어졌다. 여기서 중요한 점은 승관의 자격 조건이 황교(겔룩파)의 라마라는 점이다. 티베트의 다른 불교 종파도 라마들이 많았지만 유독 황교의 라마들이 관료가 될 수 있었던 이유는 황교의 수장이 달라이 라마였기 때문이다. 이는 티베트의 종교와 권력구조가 어떤 관계를 맺고 있는지를 가늠할 수 있는 부분이다. 티베트에서 오래도록 황교가 권력의 중심에 군림할 수 있는 이유는 여기에 있다. 티베트 역사에서 달라이 라마라는 신성한 지위는 한 번도 황교 이외의 다른 종파에서 나온 적이 없다. 물론 다른 종파에서 활불이 지도자급의 위치에 추존된 사례들은 적지 않으나 모두 종교와 정치의 최고 지도자에 옹립된 적은 없다. 오직 황교에서만 관세음보살의 화신이라는 달라이 라마가 환생할 뿐이다.

불교사원

라싸의 저빵스(哲蚌寺)는 근대 이전까지 가장 넓고 방대한 토지를 소유하고 있었던 불교사원으로 알려졌다. 기록에 따르면, 185가(家)의 영지와 2만 5천 명의 농노, 300개의 목장과 1만 6천 명의 목동을 소유한 것으로 밝혀졌다. 사원의 재산은 대부분 활불과 라마에게 귀속되어 있었다.[114]

불교사원이 경제적으로 혜택을 받아서인지, 티베트 가정에서 아이들이 사원에 출가하는 것은 집안의 영광이자 개인의 희망이었다. 사

청해성 시닝(西寧)시 타얼스(塔爾寺). 불교사원은 출가자들의 영성을 수양하는 장소이기도 하지만 티베트 사회의 질서와 순환을 책임지는 정치 권력의 중심지이기도 하다. 이곳에서 티베트의 전통과 정체성이 확립되었으며 현재가 이루어진다.

원에 출가하면 라마lama로서 살아간다. 티베트에서 라마란 칭호는 일반 티베트인들의 스승이 될 만한 자격을 갖추고 있음을 의미한다. 다음은 필자가 중국 청해성의 티베트 불교사원 니종사尼宗寺115에서 라마와 나눈 인터뷰 내용이다.

> 필자: 수행의 목적은 무엇인가요?
> 라마: 죽음을 생각하는 것입니다.
> 필자: 죽음은 어떻게 수행하나요?
> 라마: 죽음 명상에는 9가지가 있습니다.

필자: 무엇인가요?
라마: 첫 번째 3단계는 이런 것입니다.

나는 분명히 죽을 것이다.
시간이 다하고 있다.
준비가 안 되어 있어도 나는 죽는다.

필자: 두 번째 단계는 무엇인가요?
라마: 이런 것들입니다.

나는 언제 죽을지 모른다.
우리는 죽을 원인이 매일 늘어난다.
삶도 몸도 결국 쇠약해진다.

필자: 세 번째 단계는 무엇인가요?
라마: 이런 겁니다.

죽을 때가 되면 오직 업業만 가지고 간다.
가족과 친구들은 못 데리고 간다.
오로지 자신이 지은 업만 가져간다.

티베트어로 몸은 〈루〉라고 하는데 '두고 간다'라는 의미다. 즉 몸은 현생에서 껍질처럼 잠깐 뒤집어 쓰고 있다가 죽으면 업만 가지고 간다는 뜻이다. 외부와 소통이 어렵고 생존환경이 가혹한 지역일수록 몸 보다는 영혼에 대한 신뢰가 높다. 티베트에서 라마승들이 존중받는 가장 큰 이유 중의 하나는 어떤 존재의 탄생과 죽음을 도울 수 있다는 영적 능력을 배양했다는 것이다. 이는 사원에서 학습한 라마승들만이 할 수 있는 가장 인간적인 행위로 통용된다. 사원에서 종교적 권위를 획득하는 방법은 시험을 통해 라마에서 활불로 승격하는 일이다. 그러려면 사원에서 개최하는 불교 시험을 통과하여 격서^{格西} 학위를 취득해야 한다. 여기에는 달라이 라마도 포함된다. 전대 달라이 라마의 환생자로 인준받은 영동은 정해진 스승들과 같이 공부한다. 달라이 라마나 판첸 라마의 스승들은 대부분 불교학 박사학위, 즉 격서를 취득한 고승들이다. 따라서 그들과의 공부는 일반 라마들과는 수준을 달리하는 차원 높은 것이라고 볼 수 있다. 사원의 전통적인 방식에 따라 어린아이가 전대의 활불로 인정되면 영동은 사원의 원칙과 규율에 따라 새로운 생활을 해야 한다. 특별한 환경 속에서 매일 규칙적인 학습과 명상을 배운다. 성장과 계절에 따라 사원과 포탈라궁을 오가며 학습하기도 한다.[116]

영동이 영적으로 성장하기 위해 포탈라궁에 들어오면 학습을 담당할 선생님을 선발한다. 영동의 교학을 담당한 선생은 옹증^{雍增}이라 부른다. 환생자로 인준된 영동의 공부는 티베트어^{藏文}의 기본인 30개의 자모를 배우는 것으로 시작된다. 그리고 경전 읽기와 초사(글씨 연습), 서법과 경전 암송하기 등이다. 기본적인 공부가 끝나면 다음 단계인 밀종의 경전과 본인이 속해 있는 종파의 교의^{教義}를 전승받는다.

티베트불교의 종파는 저마다 서로 다른 교학 과정과 수행의 순서가 있다. 따라서 영동은 반드시 자신이 속한 종파가 정해놓은 교학 과정과 내용의 순서를 따른다. 가령 달라이 라마가 속한 겔룩파는 전통적으로 5개의 경론을 순서대로 학습하고 시험에 통과해야 하는데 다음과 같다.

사원에 출가해 라마가 되고 종교적 영향력이 있는 활불의 위치까지 올라가려면
대략 20~30년을 수행해야 한다.

① 인명因明: 학습 5년
② 반야般若: 학습 4년
③ 중론中論: 학습 2년
④ 구사俱舍: 학습 4년
⑤ 율학律學: 학습 5년

이러한 과정은 대략 18~20년 동안의 시간이 소요되는 것으로 알려져 있다. 모든 학습은 경론대회辯經라는 구술시험을 통하여 다음 단계로 올라갈 수 있다. 전문적이고 체계적인 수업을 받은 영동은 라싸의 3대 사원(저빵스/써라스/간덴스)을 순환하면서 다른 라마승들과 경론 토론 시합에 참여한다. 이 토론은 구두로 진행되는 변론이지만 내용은 밀교 전반에 관한 구체적인 토론이다. 매일 진행되는 라마승들의 경론 훈련은 보통 12시에 시작되며 오후 5시가 돼서야 끝난다. 일반적으로 저학년의 라마들이 먼저 변론대회장辯經院에 입장하고 잠시 후에 고학년 라마들이 입장한다. 경론을 대결할 라마승들이 모두 입장하면 간단한 의식을 주관하고 질서를 잡아주는 경험 많은 선배 라마가 들어선다. 이들이 들어서면 모두 일어서서 박수와 고함으로 존경을 표시하기도 한다. 경론 시합이 절정에 오를 때쯤이면 사원의 책임자, 즉 활불이 격려차 참관한다. 열정적이며 치열한 경론 시합은 해가 질 때까지 계속되기도 한다. 경론대회에서 최종적으로 이긴 라마는 격서格西라는 칭호를 받는다. 격서는 '지식이 풍부한 밝은 스승'이라는 뜻을 의미하며 티베트에서 불교학 박사에 해당한다.[117]

티베트 곳곳에 있는 불교사원은 조직적으로 연결돼 있으며 종교적, 정치적으로 연대를 한다. 사원 밖의 귀족 세력이 세속적 정치 집단이라면 불교사원은 티베트의 정체성을 보존하고 전승시키는 역할을 한다. 달라이 라마의 신성함을 확대하거나 확인시켜주는 곳이기도 하다. 불교사원은 양면성을 가지고 있다. 하나는 영적 수양을 위해 라마들이 수행하는 공간이고 다른 하나는 티베트 사회를 개조하는 근원지라는 것이다. 사원에는 영적 깨달음을 위해 정진만 하는 라마승이 있는가 하면 사원의 경영과 유지를 위해 시간을 할애하는 라마승들 또한 존재한다. 사원에서 이들의 역할과 책임은 분명하게 나누어져 있다.

사원은 신도의 확산과 분파 사원의 건립이 중요하다. 사원의 재정 확보와 종교적 권위의 강화에 중요한 역할을 하기 때문이다. 사원의 건립이나 확장은 일반적으로 고승 활불의 지명도와 세속 시주자(주로 귀족)간의 유대관계 속에서 이루어진다. 티베트에서 사원의 건립에 필요한 모든 공정과 비용은 활불이 책임지고 있다고 해도 과언이 아니다. 예를 들어 달라이 라마가 종파의 수장으로 있는 황교의 경우는 신도 수가 많을 뿐 아니라 추앙받는 활불도 많아서 사원 건립 자금을 모금하는 것은 어렵지 않다. 하지만 이 종파에 비해서 세력이 약하거나 신도가 부족한 다른 종파들은 사원의 확대가 상대적으로 쉽지 않다. 사원에서 수양하는 라마들은 금액을 모금할 만한 능력이 없기 때문이다. 활불의 능력과 존재감은 여기서 힘을 발휘한다. 활불이 유명할수록 해당 사원은 흥성한다. 신도들에게 영향력을 미치는 것은 물론이고 영주나 귀족의 재정적 호응을 끌어낼 수 있기 때문이다. 세속귀족이나 영주들도 활불과의 관계를 이용하여 자신의 종교적, 사회적 입지를 공고히 하고 정부에 진출하려 했기 때문에 양자는 서로 공생하는 관계였다.

· 사원의 구조

사회적으로 불안하고, 무자비한 권력 투쟁이 난무하며, 실망과 의심으로 가득 찬 암울한 시대에도 티베트에서 불교사원은 흔들리지 않고 영성에 대한 찬가를 썼으며 달라이 라마를 추앙했다. 사회의 질서와 연대를 주도했고 사람들에게 위안과 치유를 담당했다. 외관적으로 볼 때, 사원은 지역사회의 조정자로써 충분한 역할을 했다. 하지만 사원 내부의 치밀한 조직 체계와 역활을 살펴보면 순수한 종교적 구도와 전교傳教만을 위해 존립하지 않았음을 알 수 있다. 사원 내부에는 많은 라마승과 활불들이 존재하는데 이들의 영향력은 티베트 사회에서 어떤 권력 집단보다도 우월하다고 할 수 있다. 특히나 활불의 영향력은 사원을 포함하여 대내외적으로 막강하다. 티베트의 역사 속에서 정치 변동은 대부분 사원과 활불이 주도하였다는 점을 상기할 때 티베트가 왜 라마 왕국으로 불리었는지 가늠할 수 있다.

최성흠은 〈티베트 정교합일政教合一의 권력구조〉에서 사원과 조직의 중요성을 다음과 같이 서술하고 있다.[118]

> 티베트에서 정치 변동은 대부분 사원 또는 교단 간의 충돌을 통해 일어났고 강력한 후원자의 지지를 받는 교단의 승리로 일단락되었다. 승리자는 티베트 전역을 거대한 사원화하고 사원 간의 연결망을 구축하였다.

불교사원은 크게 두 개의 조직으로 구성되어 있다. 첫 번째는 순수한 영적 수양을 목적으로 건립된 찰창扎仓이고 두 번째는 사원의 행정 관리를 담당하는 사원관리위원회秦干代이다. 사원의 심장은 차흠磋欽이라고 할 수 있다. 대경당大經堂에 해당한다. 그리고 그 아래 부설 단위로

불교사원은 티베트의 종교분만 아니라 정치와 경제를 장악하고 있다.

불교사원은 저 마다 철저한 역할과 기능을 하는 구조로 이루어져 있다. 가령 영적 수양과 대외
활동을 담당하는 분야로 나뉘어져 있는데 이 분야에는 저마다 책임자들이 있다.

찰창扎仓[119]이 설립돼 있다. 찰창은 거대한 사원안에 독립된 또 다른 사원이라 할 수 있다. 자체적으로 경당과 불전, 승방 등을 갖추고 있고, 관리하는 토지와 목축, 농노가 있어 그 자체로 하나의 작은 사원이라고 볼 수 있다. 사원 속의 사원인 것이다. 작은 사원은 하나의 찰창만으로 이루어진 것도 있지만 티베트의 대형 사원은 몇 개의 찰창이 연합하여 이루어져 있다.[120] 따라서 찰창은 사원의 전체 구조에서 매우 중요한 개별 종교조직으로 볼 수 있다.

찰창은 현종찰창顯宗扎仓, 현종학부과 밀종찰창密宗扎仓, 밀종학부으로 나누어진다. 예를 들어 라싸의 저빵스哲蚌寺에는 네 개의 찰창이 존재하는데 3가家의 현종과 1가家의 밀종 찰창으로 구분되어 있다. 반면 써라쓰色拉寺에는 세 개의 찰창이 있는데 두 개가 현종顯宗, 하나가 밀종密宗의 찰창으로 구성되었다. 깐덴甘丹사원에는 두 개의 찰창이 있는데 모두 현종 사원이다. 사원에 현종과 밀종이 공존하고 있는 이유는 황교(겔룩파)의 조주 종카파宗喀巴 때문이다. 그는 사원 간의 불협화음과 마찰이 현종과 밀종 간의 세력 다툼과 수양 방식의 우월함에 기인한다고 판단하고 스스로가 현종과 밀종을 모두 수양하고 정진하여 양자의 수행 방식을 겸유하였다. 훗날 그로 인해 황교가 부흥하고 성장하자 대다수의 황교 세력과 사원들은 종카파의 방식에 따라 현종과 밀종을 모두 존중할 수밖에 없었다. 따라서 티베트의 저명한 사원 내에는 현종과 밀종의 작은 사원이 공존한다.

찰창은 자체 규모와 자산을 기준으로 승열僧热이라고 하는 반급(학년)을 설정한다. 이는 학습하는 경전과 난이도에 따라 학년이 나뉘는 것을 의미한다. 큰 사원의 경우 일반적으로 찰창은 13개의 승열(학년)

까지 나누어진다. 그러나 일반 사원의 경우에 경비와 교재, 활불의 부족으로 5~8개 정도의 승열 만이 존재한다.[121]

찰창의 종교적 수장은 켄포라고 불리는 활불인데 티베트인들은 린보체라고 부른다. 이는 상급 단계인 라길剌吉의 승인하에 임명된다. 켄포는 사원의 책임자의 역할을 담당한다. 라마승들의 불교 학식을 위한 밀교 강론 교육도 책임진다. 켄포의 정치적 역할은 더욱더 중요하다. 그는 달라이 라마와 직접 접촉할 수 있는 사원 내 인사 중의 하나이며 갈하噶廈[122]와 섭정활불을 연결해주는 중간자의 역할도 겸임한다. 켄포의 임명은 격서格西, 불교학 박사를 취득한 학위자들을 기본 자격으로 달라이 라마와 섭정활불이 선택하여 결정한다.[123] 임기는 5년이며 두 번의 연임이 가능하다. 찰창 내부에는 사원의 유지와 관리를 위한 소규모 조직들이 역할을 분담하고 있다. 예를 들어 강사달强斯达, 사원 총괄 격사귀格斯贵, 사원 계율 담당, 옹사달翁斯达, 교학 담당 등이다. 강사달은 찰창 소유인 재산과 토지, 부동산, 목축과 농노 등을 관리하는 직무를 담당한다. 격사귀는 사원 내에서 철방라마铁棒喇嘛라고도 하는데 사원의 기율과 질서를 책임지며 라마의 출가와 환속·사망 등의 내용을 명부에 기록하고 라마들 간의 분규를 조절한다. 옹사달[124]은 라마들의 경전 읽기를 담당하는 책임자이다. 매일 반복되는 라마들의 집단 경송은 옹사달의 지도하에 이루어진다. 사원을 전반적으로 관리하는 최고위원회를 라길剌吉이라고 하는데 각 찰창의 수장으로 구성되며 대경당의 일반 사무를 관리한다. 라길의 최고 수장을 법대法薹라고 하고 활불 중에서 연령이 가장 많은 사람이 담당한다. 찰창 아래의 하위 조직은 강촌康村이다. 강촌은 지역 단위의 조직이며 모든 라마는 출신지에 따라 강촌에 편입된다. 강촌은 길근吉根: 지역의 유지 혹은 촌장에 의해서 결정된다. 이들은 모두 스스로 자생 능력을 구비하고 있을 뿐만 아니라 대외적으로도 어느정도 영향력을 미치고 있다. 티베트에서 사원은 단순한 수양을 위한 소박한 라마들의 공간만이 아니다. 작은 사원이든 큰 사원이든 엄중한 규율과 원칙이 있고 조직이 체계화 돼 있다. 그건 티베트 사회에서 불교사원이 갖는 위상과 역활 때문이다.

· 사원의 재산

불교사원은 라마들이 종교적으로 연대하지만 티베트 권력 집단의 핵심축이기도 하다. 사원의 라마와 활불들은 세속 신자들에게 존경의 대상이기도 하지만 티베트 사회에 막강한 권력을 행사하는 존재들이기 때문이다. 따라서 이들에게 활동의 근거지인 사원의 유지와 관리는 매우 중요하다. 사원의 유지는 지속적인 재원의 확보와 재정의 축적으로부터 가능하다. 사원에서 재정을 확보하는 방법은 다양하다. 예를 들면 사원 재산의 세습, 신자들의 시주, 중원의 황제로부터의 하사받은 황금과 부동산, 토지 임대, 목축업, 고리대금 등을 들 수 있다. 그런데 무엇보다 중요한 것은 사원의 재산 형성을 총괄적으로 기획하고 추진하는 자가 필요한데 사원에서 이를 담당하는 자는 역시 활불이다. 티베트에서 활불이 없다면 사원의 건립은 불가능하다. 왜냐하면 사원의 건립은 엄청난 경비를 필요로 하기 때문이다.[125] 따라서 활불은 종교적 권위와 능력을 발휘하여 사원 건립에 필요한 재정을 위해 대외활동을 한다. 활불의 활동은 종교적 의례, 길흉화복의 점, 상장喪葬의식의 위탁, 탁발 등을 통해서 재정을 확보한다.

1951년 이전 티베트 사회에서 존재했던 대형 불교사원은 대략 2,700에서 3,000채 정도로 집계된다. 그 사원들이 점유한 경작지는 185만 극克: 苗[126]에 달했는데 이는 티베트 전체 면적의 39%에 달하는 방대한 면적이었다. 또한 점유한 농노는 10만 명을 넘는 것으로 밝혀졌다. 기록에 따르면 라싸의 저빵哲帮사원은 185개의 장원을 소유하고 있었으며 300여 개의 목장, 2만 명 정도의 농노를 점유하고 있었다. 사실상 사원의 재정은 여기로부터 나온다.[127] 티베트 간즈甘孜 지역의 7대 사원大金, 甘孜, 理塘, 灵雀, 筹灵, 惠园, 日库은 2만 1천 극苗의 광활한 토지를 점유하고 있었다. 청해 지방의 저명한 황교 사원 타얼사塔尔寺 역시 무려 10만 극苗 토지를 자체적으로 소유하고 있었던 것으로 파

불교사원은 방대한 장원과 그에 딸린 농노 그리고 귀족 세력과의 연합을 통해 라마 왕국의 중추가 되었다.

악된다. 역대 중원왕조는 티베트 사원에 많은 혜택을 베풀어주었다. 예를 들어 내몽골자치구의 수도 호화호특呼和浩特의 사원은 소유한 토지를 일반인에게 임대할 수 있는 특권을 허락해주었다. 이는 사원의 적지 않은 경제 수입이 되었다. 사원은 확보하고 있던 토지 위에 집을 짓거나 건축물을 지어서 일반인에게 임대할 수도 있었다. 이러한 임대 사업은 적지 않은 수입을 얻을 수 있었다. 사원은 상업 활동과 운수업도 했다. 특히나 몽골 쪽에서는 낙타를 이용하여 물건을 실어주고 초원 위의 각종 물품을 한인과의 교역 시장에 전달해주고 수입을 확충했다. 라싸에 거주하는 주요 사원은 지방에 근거지를 둔 사원에 비해 수입이 많았다. 예를 들어 라싸의 3대 황교 사원은 전국적으로 추앙받는 신앙의 성지였다. 따라서 내륙의 티베트권(몽골 · 청해 · 운남 · 사천)에 거주하고 있는 사원의 라마승과 활불들은 시기와 조건이 허락하면 라싸의 황교 사원에 와서 공부하길 원했다. 라싸의 사원들은 이러한 조건을 제공해주는 대신 돈을 받았다. 라부렁拉卜楞사원의 주지이자 활불이었던 가목양嘉木样이 그랬다. 그는 라싸의 저빵사哲邦寺에 가서 불경을 공부하고 사원의 운영과 관리에 관한 학습에 관한 대가로 많은 돈을 지불해야만 했다. 사원 재산의 지배권과 분배권은 활불이 장악하고 있던 것으로 보인다. 일부이기는 하지만 사원의 활불은 개인 재산의 축적과 부패를 저지르기도 했는데, 왜냐하면 활불은 중원의 황제에게 종종 초빙되었는데 이때 적지 않은 금과 은을 하사받았다. 그런데 활불은 자신의 임종을 위해 돈을 준비 해놓고 있어야 했다. 자신의 몸에서 나온 보관해야 할 영탑을 건립하려면 적지 않은 돈이 필요했기 때문이었다. 티베트 사회에

164

낙원의 몰락: 티베트 이전의 샹그릴라

서 영탑의 건립은 종교적으로나 경제적으로 지위와 신분이 있는 자의 몫이었다. 따라서 활불은 생전에 사원의 재산증식도 중요했지만, 개인의 재산 축적도 무시할 수 없었다. 큰 사원의 경우는 활불의 수가 적지 않다. 그래서 활불의 사적인 경비는 사원에 의존할 수 없었다. 필요한 경비는 사유재산을 활용해야만 했다. 따라서 활불은 자신의 자금을 담당해줄 조직을 만들었는데 사원에서는 라양喇让이라 했다. 활불의 개인 재산을 관리하는 조직이라고 볼 수 있다. 라양의 재정 수입은 활불의 종교의식과 신도들의 보시 등을 유도하여 이루어진다. 이 중에서 활불의 종교의식 주관은 가장 많은 수입을 보증한다. 예를 들어 저빵스哲邦寺의 공덕임功德林활불의 라양은 장원을 50여 개, 토지 면적이 1,500극, 3개의 목장과 그에 속한 8,000여 마리의 소와 양 그리고 대량의 고리대금을 관리하고 운영한 것으로 전해진다. 당시 활불의 개인 재산이 어느 정도인지를 가늠할 수 있는 대목이다. 저빵사哲邦寺는 황교의 대표적 사원으로 라마승과 활불이 많았다. 이 사원이 번성할 시기에는 130여 명의 활불이 존재했다고 하는데 기록에 의하면 저빵스의 전성 시기에는 무려 185개의 영지와 2만 5천 명의 농노, 300개의 거대한 목장과 1만 6천 명의 목동을 소유하고 있던 것으로 밝혀졌다.[128] 사원의 재산은 대부분 활불과 라마승에게 종교적 신분과 역할에 따라 귀속되어 있었다. 불교사원과 라마승들의 재산이 불어나자 청의 황제乾隆는 1793년 〈장내선후장정〉欽定藏內善後章程 29조에서 다음과 같은 내용을 발표하여 재산 축적을 방지하려 하였다.

사원을 총괄하고 있는 종교적 수장인 활불은 응당 학문이 깊고 넓으며 품행과 덕이 양호한 자를 골라서 충임 해야 하는데, 근래 큰 사찰의 활불은 많은 장원을 갖고, 또 군중의 신앙에 의탁하여 그들이 바치는 공물이 매우 많을 뿐만 아니라 상행위로 이익을 꾀하고 재화를 탐하니, 그 직책에 매우 적절하지 않다. 앞으로는 각 대사찰의 활불의 인선은 달라이 라마와 주장대신駐藏大臣 및 호톡투呼和浩特 등이 논의하여 결정하고, 이상 3인의 인장이 찍힌 증서를 발급한다. 하지만 작은 사찰의 활불 인선은 원래의 사례에 따라 달라이 라마가 결정한다.[129]

불교 사원에서 개인의 소유 재산은 지위와 신분에 비례했다. 예를 들어 14대 달라이 라마는 1959년에 인도로 망명하기 이전에 27개의 장원과 30개의 목장을 소유하고 있던 것으로 전해진다. 이들 외에도 사원은 자체적으로 보유한 토지를 임대하거나 고리대금, 목축업 등의 운영으로 적지 않은 재산을 축적할 수 있었다. 이렇게 확보한 재정 덕분으로 사원 내의 라마와 활불들은 평생 노동을 하지 않으면서 수행에 정진할 수 있었다.

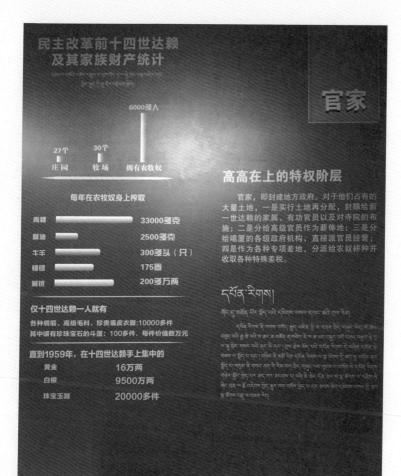

民主改革前十四世达赖
及其家族财产统计

 བོད་ཀྱི་བརྒྱུད་རིམ།

官家

6000多人

27个　　30个　　拥有农牧奴
庄园　　牧场

高高在上的特权阶层

官家，即封建地方政府。对于他们占有的大量土地，一是实行土地再分配，封赐给新一世达赖的家属、有功官员以及对寺院的布施；二是分给高级官员作为薪俸地；三是分给噶厦的各级政府机构，直接派官员经营；四是作为各种专项差地，分派给农奴耕种并收取各种特殊差税。

每年在农牧奴身上榨取

青稞	33000多克
酥油	2500多克
牛羊	300多头（只）
氆氇	175匹
藏银	200多万两

仅十四世达赖一人就有

各种绸缎、高级毛料、珍贵裘皮衣服：10000多件
其中镶有珍珠宝石的斗蓬：100多件，每件价值数万元

直到1959年，在十四世达赖手上集中的

黄金	16万两
白银	9500万两
珠宝玉器	20000多件

དཔོན་རིགས།

ཁོང་དག་ལ་མངའ་བའི་ཐོབ་ཐང་དང་དབང་ཆ་བཀོད་དང་ངའི་ཐུན་རིགས།

중국 측에서 밝힌 14대 달라이 라마와 가족의 재산 통계
장원: 27개 / 농장: 30개 / 농노: 6,000천 명 / 소와 양: 300두 / 비단: 175필
황금: 16만 냥 / 백은: 9,500만 냥 / 옥기류: 20,000건

· 섭정활불攝政活佛

인류사에서 강했던 국가나 지혜로웠던 사람들은 이미 오래전부터 깨달은 바가 있었다. 가장 오래 지속되고 영원한 것은, 전쟁을 통한 정복과 소유도, 다툼 끝에 획득한 크고 작은 이익도, 특정 시기를 대표하는 인물도, 심지어 왕조도 아니고 오히려 유치하다고 여겨질만한 소박한 깨달음이었다. 전쟁과 질병이 없는 삶 속에서 침묵과 고독이 자유와 평화로움을 가져다준다는 사실을 알게 된 것이다.

불교사원을 근거지로 활동한 라마와 활불들은 티베트를 고요와 평화로움이 가득한 이상사회를 만들고자 했다. 곤궁한 삶일지라도 외부세계와 비교가 없으면 소유와 경쟁에서 벗어날 수 있고 껍데기에 불과한 몸보다는 환생을 통한 영원성을 확보할 수 있는 정신을 강조했다. 평등보다는 연대를, 자유보다는 연민의 능력을 삶의 최우선으로 주장했다. 축복받은 상태는 물질의 축적보다는 비인간 종들과 깊이 연결된 존재임을 깨닫는 것이 중요하다고 생각했다. 그들이 궁극적으로 추구하는 건 변화 없는 지금의 상태였다.

섭정이라는 권한을 부여받은 활불은 티베트 역사에서 언제나 위기와 위태로움의 순간에 등장하는 능력자들이었다. 깨달음을 추구하는 구도자이면서 달라이 라마의 임종, 또는 부재의 경우 그를 대리해서 티베트 사회를 안정시키는 집정관이 바로 그의 역할이었다. 1933년 13대 달라이 라마의 임종 이후, 티베트는 위기에 직면한다. 라마승들의 부패와 타락, 사원 세력과 귀족 집단의 권력적 격돌, 중국 본토와 영국 세력의 간섭 등은 티베트 사회의 요동을 부추겼다. 정치와 종교가 하나로 돌아가는 티베트 사회는 균형감을 잃었으며 특유의 종교적

불교사원의 확장은 종파의 권력과 밀접한 관계를 맺고 있다

평화로움이 사라지고 있었다. 불교사원은 혼란에 빠진 사회를 이전의 상태로 복원하려고 노력했지만, 상황은 나아지지 않았다. 새로운 통치자 14대 달라이 라마의 환생은 시간이 필요했다.

티베트에서 역대 달라이 라마의 임종 시기를 보면, 9대 달라이 라마가 10세에, 10대, 11대, 12대 달라이 라마가 각각 21세, 18세, 20세에 요절했다. 1750년에서 1895년 사이에 달라이 라마가 실제로 교권과 신권을 행사할 수 있었던 기간은 평균 7년에 불과하다는 역사적 사실은 당시 달라이 라마의 지위와 통치권이 불안했음을 시사해준다. 어린 환생자의 안위와 교학을 담당하고 있었던 섭정활불의 막후권력이 영향이 있었을 것이라는 소문도 있었다. 환생자와 섭정활불의 관계가 좋지 않을 경우, 환생자는 향후 달라이 라마로 추존되기 어려운 상황에 직면할 것이라는 추측도 무성했다. 당시 섭정활불과 환생자, 즉 달라이 라마와의 관계를 유추할 수 있는 소문은 여러 경로를 통해 전해졌다. 6대 달라이 라마, 창잉갸쵸1697~1706는 어린 시절, 아이가 그렇듯이 자유분방하고 놀기를 좋아해 밖으로 쏘다녔다. 술을 마시고 여자를 가까이 했다. 섭정활불의 조언과 충고를 듣지 않았다. 9대 달라이 라마, 룽톡갸쵸1806~1815는 10살도 되지 못해서 죽었다. 그의 재위 기간은 단지 5년1810~1815에 불과했다. 병에 걸려 죽었다고 알려졌지만 실상은 섭정활불과의 관계가 좋지 못해서 암살을 당했다는 소문도 돌았다. 모두들 섭정활불이 벌인 일이라는 것을 짐작했지만 어느 누구도 발설하거나 의문을 제기 하지 못했다. 섭정활불의 권위가 엄중했기 때문이었다. 그래서일까 앞서 언급한 6대 달라이 라마, 창잉갸쵸는 어렸지만 본능적으로 위기감을 직감하고 티베트의 주인이 될 마음이 없음을 보여야 했다. 다행히 그는 섭정활불의 그림자에서 벗어나 삶을 연장할 수 있었다.

티베트에서 활불의 섭정제도는 언제부터 시작된 것일까? 기록에 따르면, 1757년乾隆 22, 7대 달라이 라마가 사망하자, 라마들에 의해 추존된 활불이 티베트 정무를 총괄하게 되었는데, 이때부터 섭정攝政130이라는 직위가 공식적으로 부여된 것으로 보인다. 섭정의 가장 큰 역할은 무엇보다도 새로운 환생자를 찾아 다음 달라이 라마를 인준하는 작업이다. 요컨대 아무것도 모르는 어린 환생자가 티베트의 지도자로 군림할 수 있는 18세가 되기 전까지 대략 10년 이상의 공백기는 섭정활불의 막후 활동이 절대적이라는 것이다. 물론 환생자가 훗날 달라이 라마로 순조롭게 옹립이 되더라도 섭정활불의 그늘에서 벗어나기는 힘들었다. 살펴보면 단 두 명의 달라이 라마만이 섭정활불의 영향에서 벗어나 독자적인 생활을 한 것으로 보이는데 바로, 5대 달라이 라마阿旺洛桑嘉措, 1617~1682와 13대 달라이 라마土登嘉措, 1876~1933다.

역대 달라이 라마와 섭정攝政의 통치 상관표

달라이 라마	통치 시기	섭정	통치 시기
7대 格桑嘉措 (1708~1757) (bsKal-bzang-rgya-mtsho)	1751~1757	第穆(de mo)活佛一世	1757~1777
8대 强白嘉措 (1758~1804) (vJam-dpal-rgya-mtsho)	1781~1840	策墨林活佛一世 (tshe smongling)	1777~1786
9대 隆朵嘉措 (1806~1815) (Lung-rtogs-rgya-mtsho)		功德林活佛一世 (kun Dde gling)	1789~1810
10대 楚臣嘉措 (1816~1837) (Tshul-khrims-rgya-mtsho)		第穆活佛二世	1811~1819
11대 凱珠嘉措 (1838~1856) (mKhas-grub-rgya-mtsho)		策墨林活佛二世 熱振活佛一世(radreng) 霞扎131(귀족)	1819~1844 1845~1862 1862~1864
12대 赤烈嘉措 (1856~1875) (vPhrin-las-rgya-mtsho)	1873~1875[132]	德珠活佛(sdedrug) 功德林活佛二世	1862~1864 1875~1886
13대 土登嘉措 (1895~1933) (Thub-bstan-rgya-mtsho)	1895~1933	第穆活佛三世 熱振活佛二世 達扎活佛(stag brag)	1886~1895 1934~1941 1941~1950

171

위의 도표를 살펴보면, 역대 달라이 라마와 섭정활불의 상생 관계를 유추할 수 있다. 1751년부터 1950년까지 평균 13년에 한 번씩 달라이 라마가 바뀌었는데 그 기간에 섭정활불이 통치한 기간은 전체의 77%의 점유율을 보인다. 만약 13대 달라이 라마의 통치 기간인 1895~1933년 기간마저 제외한다면 섭정활불의 통치 기간은 무려 94%에 다다른다. 심지어 8대 달라이 라마는 성년이 되어 정치와 종교의 권한이 그에게 주어졌지만 그는 여전히 섭정활불策墨林活佛에게 권한을 위임하였다. 왜 그랬을까? 아마도 자신의 안위를 염려했기 때문이었을 것이다. 앞에서도 언급했듯이 섭정활불의 역할과 직무는 환생자가 성년이 될 때까지 모든 일정을 관리하고 책임지는 대리자의 역할을 담당하는 것이다. 하지만 환생자가 달라이 라마로 추존되어도 실질적으로 할 수 있는 역할은 그리 많지 않은 것으로 보인다. 어린 환생자가 성년이 되어 달라이 라마로 옹립되어도 자신의 모든 활동을 섭정활불에게 조언을 얻어야 했기 때문이다. 문제는 달라이 라마가 성년이 되어도 섭정활불이 계속 권한을 유지하려 한다는 것이었다. 만약 달라이 라마가 섭정활불의 조언과 방침대로 응하지 않고 독자적인 자신의 노선을 구축하려 한다면 어떻게 될까? 5대나 13대 달라이 라마처럼 강력한 정치적 카리스마를 확립하지 않고서는 6대나 8대 달라이 라마처럼 감성적이거나 연약한 환생자는 자신만의 종교적, 정치적 색채를 구축하기 힘들었다. 그만큼 섭정활불의 지위와 권력은 막강했고 그를 따르는 세력도 많았기 때문이다.

〈13대 달라이 라마 전기〉[133]에 따르면, 자신이 티베트에서 정권을 장악하기 시작하면서부터 그동안 자신을 돌봐주던 섭정활불弟積呼圖克圖의 그림자로부터 벗어났다고 전했다. 하지만 섭정활불은 당시 중원의 청 정부로부터 신뢰와 지원을 받고 있던 입장이었다. 섭정활불을 따르던 라마 집단은 13대 달라이 라마의 통치가 반가울 리 없었다. 섭정활불은 13대 달라이 라마 암살의 음모를 계획했지만 발각되어 실패로 돌아갔다. 이 사건을 계기로 13대 달라이 라마는 신권과 세속의 권력을 수중에 장악할 수 있었다. 그는 선대 달라이 라마와 섭정활불의 관계를 보면서 느낀 것이 있었다. 영적 수행과 불교적 지식이 강화된다고 티베트의 주인이 되는 것은 아니었다. 그래서 그는 집정하자마자 자신만을 위해서 일해 줄 권력 중심 기구를 편성했다. 자신만을 위한 4인의 가신을 두었다. 그들은 13대 달라이 라마의 안위를 위해서 그림자처럼 붙어 다녔다. 암투와 모살이 끊이지 않았기 때문이다. 13대 달라이 라마는 전대의 달라이 라마와 비교해볼 때 오래 살았고 자신의 의지대로 개혁을 추진하였다. 5대 달라이 라마와 함께 티베트의 역사상 가장 위대한 달라이 라마로 칭송 받는 이유다.[134] 하지만 이들(5대와 13대)을 제외한 대다수의 달라이 라마는 세속적인 권위와 영향력을 발휘하지 못했다. 이는 티베트가 달라이 라마라는 영적 완성자의 상징성으로 유지되기보다는 보이지 않은 실세들에 의해서 유지되고 있음을 시사해준다. 즉 세속귀족 집단과 사원의 라마와 활불 그리고 그들을 관리하는 섭정활불이 서로 연대하며 집단정치를 한다는 것이었다.

1933년 13대 달라이 라마의 임종 이후, 티베트 지방정부는 바로 중앙에 보고를 보냈다. 국민정부는 특사를 티베트에 파견하여 추도에 참여하고 열진熱振활불이 달라이 라마의 직권을 대신하도록 추천했다. 훗날 열진 활불은 라마 왕국 몰락에 결정적 역할을 한 인물로 지목된다. 그는 임시 지도자로 취임한 4개월 후에, 속관俗官[135]인 용하를 통해 티베트 지방정부의 개혁을 시도했다. 용하는 개방성과 적극성을 겸비한 인물이었는데 영국에서의 생활을 경험으로 티베트의 미래를 위해서는 정치제도의 변화와 개혁의 필요성을 깊게 느끼고 있는 관원이었다. 그는 늘 자신의 친구들과 가족들 앞에서 티베트 사회의 변화와 구조적 모순을 필요성을 제기하며 티베트는 유럽국가들의 경험과 가치관을 답습해야 하며 미래를 위해서는 과감한 변혁이 필요하다고 주장했다. 용하와 그를 따르는 개혁파는 티베트의 사원 조직과 행정관리 체계를 바꿀 생각이었다. 하지만 그의 개혁은 실패한다.

1934~1941년 열전활불은 절대적인 지위에 오르게 된다. 하지만 그는 티베트에서 전통적으로 실행되던 엄격한 규율과 수행 방법을 스스로에게는 적용하지 않았다. 심각한 건, 통치자이면서 수행자인 그가 자신의 재산증식에 탐욕을 부렸다는 점이다. 그는 티베트 3대 양모 상인 중의 하나가 될 정도로 부를 축적했다는 설이 돌 정도였다. 승관과 속관은 열전에게 장원의 포기를 요구했으며 13대 달라이 라마의 환생자를 먼저 찾는것이 혼란스런 사회의 안정을 위한 조치라고 요청했다.

1940년 열전은 섭정의 직위를 내려놓겠다고 공포한다. 이유는 독신의 계율을 어겼기 때문이라고 고백했다. 대창ㅊ扎활불이 14대 달라이 라마의 환생자를 찾을 때까지 새로운 지도자로 임명된다. 1944~1945년 라싸로 돌아온 열전은 다시 섭정의 지위를 달라고 요구한다. 대창은 그의 복귀를 거부한다. 이때 열전을 따르는 라마들과 대창을 추앙하는 집단으로 나누어져 티베트 사회는 혼란스러움이 가중된다. 열전을 따르는 라마들은 베이징 국민정부의 도움을 받아 대창을 공격하려 했다. 반면 대창을 따르는 라마들은 열전을 무시하고 티베트의 국제적

라마 왕국 몰락의 이유는 여러가지가 복합적으로 엉켜서 시작 됐지만 그 중심에는 라마집단이 근대화를 거부한 폐쇄성과 배타성도 있었다.

지위를 강화하려고 노력했다. 그들은 서방의 선진기술, 예를 들면 전신 기술에 관심을 가졌는데 그것에 대한 이해와 조작법 등에 대해서는 사실 무지했다. 따라서 대창활불은 젊은 귀족과 속관을 서구에 파견하여 선진기술의 학습과 영어를 배우게 했다. 그들은 라싸에 영어 학교를 건립하려 했고, 전통적인 티베트 가옥에서 살지 않았으며, 라싸 강변에 외국인들이 지은 것과 같은 운치가 있는 별장에서 생활했다. 심지어 양식을 할 줄 아는 주방장을 고용하기도 했다. 소수의 귀족들은 자신들의 자녀를 인도 다질링으로 보내 유럽식 교육을 받게 했는데 영어 학습에 집중했다. 열전활불은 이를 강력하게 반대했다. 열전활불을 따르는 라마들은 대창을 따르는 젊은 귀족들을 납치하고 영어 학교를 점거 하기도 했다. 이를 목격한 지방정부의 간부들은 귀족 자제 청년들을 선발하여 인도로 유학을 보냈다. 하지만 이것마저도 라마들의 개입으로 순조롭지 않았다. 그들은 서구식의 개방과 교류, 학습과 모방을 원하지 않았다. 그들은 종교와 신앙은 사후세계를 준비할 수 있지만, 전쟁이나 전염병에는 아무런 도움이 되지 못한다는 것을 알지 못했다. 이후로도 열전활불은 음모와 계략을 동원해 대창활불을 암살하려는 계획을 시도하였고 중앙정부의 장개석에게 군사원조를 청하기도 했다. 그러나 실패했고 1947년 옥중에서 숨졌다. 그가 죽은 후 그를 따르던 일부 라마들의 폭동이 일어났지만 오래가지 못했다.

· 관계

20세기 초는 티베트가 정치적 독립 또는 근대화로의 진입을 시도했던 시기로 볼 수 있다. 당시 영국은 티베트의 주요 지지국이자 도움을 줄 수 있는 국가로 분류된다. 하지만 영국 또한 선의善意에 가까운 입장은 아니었고 내부적으로는 티베트에 대한 목표가 있었다. 1903년 영국은 누구의 허락도 없이 티베트로의 접근을 시도했다. 인도를 식민지 경영하던 영국은 네팔, 부탄, 시킴을 차례로 편입시키더니 마침내 티베트를 넘보기 시작한 것이다. 영국 정부는 티베트에 문호 개방과 통상, 외교관 상주를 요구했다. 티베트 정부는 이를 거절하고 러시아와 외교관계를 맺으려 했다.[136] 러시아를 견제해야 한다는 생각으로 영국군은 행동을 개시했다.[137] 시킴에서 대기하던 화이트J.C.White가 국경을 넘어와 소소한 전투를 벌였고, 1903년에는 또 그 문제, 문호 개방과 통상을 협의한다는 한다는 명목으로 영허즈번드Francis E. Younghusband대령이 티베트로 들어와 국경 내에서 겨울을 보냈

다. 1904년 3월 31일, 영국군은 추믹曲*계곡에서 라싸에서 파견한 1
천여 명의 티베트 군대와 맞서게 된다. 당시 영국 원정군의 조직과 규
모는 다음과 같다.[138]

보병 700명
구르카 보병 700명
기병대 100명
뱅골 工兵 부대
마드라스馬德拉斯 공병 1,000명
2.7파운드 대포 2대
맥슨馬克沁기관총
야전병원

당시 영허즈번드는 평화로운 회담을 하자고 해놓고 병력을 배치하
여 티베트군을 공격하였다. 화승총으로 맞선 티베트군은 거의 전멸
했다. 1904년 7월 5일부터 6일까지 벌어진 강쩨 전투는 티베트군이
현대적인 무기로 무장한 영국군에게 전멸당한 사례로 남겨진다. 8월
3일 영국군이 라싸에 들어오기 전에 28세의 13대 달라이 라마는 주
장대신 유태有泰에게 알리지 않고 러시아에 원조를 요청하기 위해 우
르가를 향해 길을 떠났다.[139] 1904년 9월 7일, 영허즈번드와 티베트
대표들이 간체와 가톡을 개방하고 배상금으로 750루피를 지불하기
로 영장英藏조약 즉 〈라싸조약〉拉薩條約[140]을 체결한다. 조약의 핵심 내
용은 다음과 같다.

1. 티베트에 영국령 인도 교역소를 설치한다.
2. 영국 주재관의 상주를 허용한다.

19세기에 영국과 러시아가 중앙아시아를 놓고 한대결을 벌인 그레이트 게임(great game)
은 당시 청(淸)나라에도 영향을 미쳤다. 청나라는 아편 전쟁(1842) 이후 서양 열강의 침탈과
태평천국의 난(1851~1864)으로 티베트에 신경을 쓸 여력이 없었다.1904년 8월 사절단을
빙자한 영국군은 아무런 저항없이 티베트의 수도 라싸에 진입했다.

1904년 영국군과 티베트군이 맞선 추미(曲米)일대

낙원의 몰락: 티베트 이전의 샹그릴라

3. 전쟁 배상금을 책임져야 한다.

4. 영국 외 다른 국가와는 어떤 관계도 맺을 수 없다.

영국군은 1904년 8월 3일 라싸에 입성했는데 이 시기를 기점으로 티베트에 대한 장기적인 전략, 즉 식민지 지배와 러시아의 견제를 고려하게 된다. 영국은 티베트를 중국 본토와 러시아의 영향력에서 완충지대로 설정했다. 당시 영국은 이미 인도에 지배적 위치에 있었고 시킴이나 부탄과는 다른 성격의 영향력을 가지고 있었던 티베트를 전략적 요충지로 간파하고 접근을 시도했던 것이다. 가능하다면 티베트를 중국으로부터 독립시켜 인도와 티베트로 이어지는 커다란 영토를 차지하려는 야심이 있었다. 하지만 2년 뒤, 1906년 영국이 청나라와의 베이징조약北京條約[141]을 체결하면서 라싸조약의 권리를 상당 부분 포기해야만 했다. 1913년 영국은 중국과 티베트가 참여하는 〈시모라 조약〉[142]을 제안한다. 심라 협약Simla Convention이라고 불리는 이 삼자회의는 영국의 부추김에 의해서 티베트가 중국에 대하여 처음으로 독립 승인을 요구한 사건으로 볼 수 있다. 삼자회의는 국경선 획정을 위한 영국과 중국(당시 중화민국) 그리고 티베트는 언어와 문화권 전체를 기준으로 제안했다. 중국은 반대했다. 그러자 영국령 인도 식민정부 외교장관인 헨리 맥마흔McMahon이 몽골처럼 티베트 문화권을 내외장內外藏으로 구분해 내장 지역은 중국에 권리를 부여하되 외장 지역은 티베트 자치를 인정하자고 제안했다. 맥마흔은 부탄의 동쪽 국경선과 아삼 계곡 쪽으로 흐르는 브라마푸트라강(티베트명, 얄룽창포강雅魯藏布江)이 크게 휘는 지점을 잇는 885㎞ 길이의 이른바 〈맥마흔 라인〉McMahon Line을 그으면서 히말라야산맥 남쪽의 아루나찰프라

데시 지역을 영국령 인도에 편입시켰다.[143] 독립을 위해 영국의 지원이 필요했던 티베트는 이 조건을 받아들였지만, 중국은 영국과 티베트 간의 합의를 거부했다.

심라회의가 끝난 뒤에 티베트는 독립적 성격을 어느 정도 유지한 것으로 보인다. 티베트는 비록 처음에는 영국의 외교적, 군사적 원조에 상당히 의존하였지만 1930년대에는 어느정도 자립성이 확보됐기 때문이다. 영국은 3자 협상이 결렬됨에도 불구하고 인도를 식민지한 경험을 바탕으로 자신들의 권익을 챙기려 하였다. 따라서 중국의 입장을 견제하며 불투명한 외교적 자세를 취했는데 즉, 티베트는 완전한 독립 국가임을 인정하면서도 국제적으로는 인정하지 않는 모호한 정책이었다. 1914년을 기점으로 영국은 중국과 티베트 간의 내부적 갈등을 피하기 시작하였으며, 관여하지 않았고, 공개적인 장소에서는 티베트는 중국의 주권하에서 자치권을 구사할 수 있다고 밝혔지만 실천적인 태도를 취하지는 않았다. 당시 영국이 티베트에 대한 외교 안보적 태도는 이중적이라 할 수 있다. 국제사회에서도 티베트의 지위에 대해 적극적이지 않았고 티베트의 협조 요청에도 미온적이었다.

1947년 인도의 독립 이후 영국은 티베트에서 영향력이 눈에 띄게 줄어들었고 거의 포기 또는 방치 단계에 이르렀다. 위기감을 느낀 티베트 정부는 1958년 무역상무단貿易代表團을 꾸려 서구로 나가 정치적 실체를 호소할 계획이었으나 영국이 여권을 발급해주지 않았다. 2년이 지난 1950년 10월 중국인민해방군은 쓰촨을 넘어 라싸로 진입하자 비로소 사태의 심각성을 인지한 티베트 정부는 연합국을 상대로 원조를 호소했다. 이때에도 영국은 연합국을 상대로 자신들이 티베트의 지위에 대해서는 확신할 수 없고, 그래서 이 안건에 대해서는 잠시 보류하는 것이 마땅하다고 주장했다. 인도는 독립 후, 그 사정이 식민지 시대의 자신들 처지와 지금 티베트의 상황이 비슷하다고 간주했지만, 티베트에 대한 대외적인 입장은 영국과 다르지 않았다. 중국은 티베트에 대한 권한은 자신들에게 있으며 그러니 인도 또한 양자의 관계를 생각한다면 간섭하지 말라고 경고했다. 당시 인도의 네루 정부는 중인中印관계의 심각성을 인지하고 티베트에 대한 관계를 전면 거부했다. 인도와 영국의 이러한 외무 관계는 티베트를 사면초가로 몰았으며 결국에는 중국과 1951년 〈평화 협의 17조〉에 동의하도록 만드는 데 결정적 계기로 작용한다.

1949년 장개석이 이끄는 국민당 정부가 공산당에 패배한 후 타이완으로 도주하자, 미국은 아시아에서의 공산주의 전파를 염려하여 티베트에 관심을 가지기 시작한다. 사실 미국은 1950년 12월 그리고 1951년 1월과 3월 사이에 티베트 대표단의 미국방문에 대한 요구를 접수하지 못한 것으로 알려졌다. 당시 티베트가 연합국에 성명을 발표하고 호소한 사실, 티베트가 매우 절박한 위기에 직면했다는 사실을 정면으로 인지하지 못했는데, 그건 1950년 발생한 한국 전쟁 때문이었다. 1951년 중국과 티베트간에 〈평화협의 17조〉가 이루어진 이후 미국은 본격적으로 티베트에 대한 전략을 구상하게 되었으며 원조를 감행한다. 당시 인도는 미국의 티베트 관심을 적의로 간주했는데 이를 눈치챈 미국은 영국과 마찬가지고 티베트에 대한 태도, 즉 공개적인 티베트의 독립 원조방향을 수정했으며 군사원조도 하지 않겠다고 표명했다.

1950년대에 들어와서 미국은 반공反共의 정치 이데올로기에 의해
서 티베트와의 관계가 급진적으로 발전하기 시작했다. 일본 세력
의 팽창과 제2차 세계대전은 미국이 처음으로 티베트와 관계를 맺
어주는 계기가 되었다. 1940년대 아시아에서 일본은 팽창주의적 전
략과 군국주의의 구호를 앞세워 중국 동부 지역을 점령하고1931~1932
그 세력을 중국의 전 영토로 확장 중이었다. 일본이 해권海權국가에
서 패권霸權국가로 전환하려는 순간이었다. 그러나 제2차 세계대전
1939~1945이 발발한 후 사정은 달라졌다. 일본이 제2차 세계대전에
본격적으로 참전했기 때문이었다. 이때 일본은 독일과 동맹을 맺
었다. 이때부터 미국은 아시아에서 일본의 동향과 발전을 주시하
기 시작했다. 1941년에 진주만 전쟁Pearl Harbor Attack이 발생했는데 이
때 비로소 미국은 일본의 군국주의 야심을 감지하게 되었고 이때부
터 아시아의 모든 정책과 전략을 수정하게 된다. 일본의 중국 점령
이 확장될 무렵 미국의 전략사령부The War Department와 국무원은 공
군을 중국에 주재시켜 일본에 대항하고자 했다. 그런데 당시 일본
은 중국의 중요한 육로를 통제하여 물자 보급을 차단하고 있었다.
그래서 중국은 연합국에 급하게 원조와 협조를 요청할 수밖에 없었
다. 이에 미국은 먼저 소련에 의견을 타진했으나 소련의 협조를 받
지 못했다. 어쩔 수 없이 미국은 스스로 중국의 보급로를 확보하기
위해서 중요한 루트를 찾아야만 했는데 그때 발견한 지역이 티베트
산악지대였다. 미국은 당시 두 명의 군관을 파견하여 티베트와 접
촉했다. 톨스토이Llia Tolstoy상위와 돌란Brooke Dolan소위였다.[144] 이 두
군관은 미국의 루즈벨트Franklin D. Roosevelt대통령이 달라이 라마에게

보내는 서신과 예물을 지참하여 파견된 미국의 첫 번째 외교관들이었다. 그들은 달라이 라마를 만나 미국 대통령의 친서를 전달했다. 일본의 제2차 세계대전 참전은 결과적으로 미국과 티베트 관계의 시작을 촉진하는 계기가 된 것이다. 그리고 미국과 티베트 관계의 시작은 중국과의 외교 관계로 이어졌다. 미국은 중국 속의 티베트를 주시하기 시작했다. 티베트의 위치, 지리 환경, 변경적 장점, 전략적 자산 등에 관심을 가지기 시작했다. 이러한 사실은 1942년 미국 국무원의 외교관계 문건에서 엿 볼 수 있다. 당시 미국은 영국 외교부에 보낸 전문電文에서 티베트의 독립獨立과 자치自治라는 용어를 처음으로 사용하였다. 당시에는 티베트가 아직 중국의 영토로 편입되기 이전이었다.

그러나 1951년 중국이 티베트의 영토와 주권을 접수한 후 중화민국의 헌법으로 〈티베트는 중국 영토의 일부분이다.〉라고 공개적으로 표명한 이후 미국은 중국의 입장과 태도에 영향을 받지 않을 수 없었다. 미국 정부가 영국 주재 워싱턴 대사관에 보낸 한편의 비망록 속에는 미국이 중국 정부의 티베트 주권의 성명과 주장에 전혀 이견이 없음을 확인할 수 있다. 그러나 제2차 세계대전 이후 상황은 바뀌었다. 미국을 중심으로 하는 연합국 국가들은 일본의 패망으로 중국에서의 일본의 세력 확산을 걱정하지 않아도 되었다. 그리고 전후 아시아에서 정치 환경의 변화는 미국의 티베트 입장을 전환하는 계기를 만들어주었다.

1946년 1월, 티베트의 무역대표단貿易代表團은 주駐인도대사관 미국 공사, 조지 버트렐 머렐George R. Merrell을 방문하고 티베트 지방정부噶廈의 서신을 미국의 대통령 트루만Harry S. Truman, 1884~1972에게 전달했다. 서신에는 달라이 라마의 글이 있었다.[145]

우리는 두 개의 정부가 평화적인 우호 관계를 맺기 희망합니다.
양국國 간의 우의를 미국 대통령이 신경 써주길 바랍니다.

서신의 내용은 미국과 티베트의 관계가 앞으로 더욱 긴밀하기를 희망하는 것이었다. 1947년 티베트는 4인으로 구성된 무역대표단을 미국에 파견한다. 이 대표단의 방문 목적은 대외적으로는 티베트와 미국의 무역 증진을 위한 것이었다. 6월 14일에 미국 주駐인도대사관에 도착한 일행은 티베트와 미국, 영국과의 수출입 무역에 관한 가능성을 타진하였다. 1948년 8월 6일 티베트 대표단은 미국의 국무장관 조지 마샬George Marshal을 만났고 그에게 방문의 실질적인 목적은 무역보다는 미국과 티베트의 관계 개진에 있다고 설명했다.[146] 당시 대표단의 수장인 샤커바夏格巴는 훗날 그의 책 〈티베트 정치사〉Tibet, a Political History에서 무역대표단의 방문 목적은 티베트의 독립 지위를 증명하고 인정받으려 실행한 것이라고 밝혔다.[147] 여기서 티베트 방문단은 중국의 여권을 사용하지 않고 티베트의 지방정부에서 발급한 여행 문건만을 가지고 미국을 방문했다. 사실, 이러한 의도와 행위의 목적을 미국도 알고 있었다. 조지 머렐George R. Merrell은 미국 국무원에 티베트로 대표단을 파견할 것을 제안했다. 이러한 건의의 배경에는 일본의 참전 패배, 중국 국공國共내전 발생, 공산당 세력의 득세로 이어지는 과정에서 아시아에서 공산주의 정치 이데올로기의 확산을 막기 위한 기획이었다. 하지만 미국 정부는 여전히 중국 정부의 티베트 주권을 존중하는 태도를 보였다. 하지만 미국 정부는 내부적으로 또 다른 시나리오를 준비하고 있었다. 만약 중국에서 공산주의가 전파되면 티베트를 독립국으로 인정하고 중국의 공산화를 견제 혹은 대립의 카드로 활용한다는 것이었다. 이러한 시나리오는 미국 정부 내에서 찬반 논란을 일으켰으나 중국 국공 내전의 발전 양상과 결과를 보고 결정한다는 데 의견의 합일을 보았다. 즉 공산당이 득세하고 국민당中華民國이 실패할 경우, 미국은 티베트의 주권과 지위에 관하여 보수적인 입장을 표명한다는 것이었다. 하지만 공산당이 실패하고 중화민국이 여전히 정치적 실체로서 중국 안에 존재한다면, 미국의 티베트 정책은 중화민국의 정책에 따라 결정하거나 문제제기를 한다는 것이었다.

1950년 6월 25일, 한국 전쟁이 발생했다. 같은 해 10월, 중공군은 티베트에 진입했다. 이에 미국은 아시아에서 공산주의의 세력 확장을 견제하기 위해서 티베트 카드 활용을 결정한다. 그 첫 번째 작전의 하나로, 미국은 비밀리에 달라이 라마에게 티베트와 중화인민공화국 간에 이루어진 〈17개 조항의 평화협의〉17條協議[148]를 공개적으로 반박하고 해지하라고 요청한다.[149] 자신들의 요청이 관찰되면 미국은 인도와의 공조로 라싸에 미국 공군기를 보내서 달라이 라마를 탈출시키려고 계획하였다. 1951년의 비밀문서는 미국의 의중을 확인할 수 있는 내용으로 볼 수 있다. 즉 달라이 라마가 17개 평화협의 사항[150]을 공개적으로 부정하고 미국과 연합국에 조정과 구원을 요청한다면 미국은 달라이 라마를 태국이나 인도 · 파키스탄 심지어 미국으로의 망명을 적극적으로 도와주겠다는 것이었다. 또한 반공의 의지와 성명을 공개적으로 발표한다면 미국은 인도를 통하여 티베트에 경량식 무기를 제공할 것이며 달라이 라마와 그 가족에게 경제적 지원을 아끼지 않겠다는 파격적 제안을 한 것이다.[151] 그리고 이 모든 것이 성사되면 달라이 라마의 형 투뎡눠부圖登諾布를 미국으로 초청하여 모든 티베트 관련 사무를 맡기겠다는 계획이었다. 투뎡눠부는 미국에서 세 가지 사항을 협의한다.

첫째,
미국은 달라이 라마와 그의 가족이 어떤 나라로 망명하든지 찬성하고 도와준다.
둘째,
미국은 연합국에 티베트 문제를 정식으로 제기한다.
셋째,
달라이 라마가 공개적으로 반공反共을 선언하면 미국은 군사적 지원을 이행한다.
넷째,
미국은 군사적인 지원 외에도 다른 원조도 고려한다.

이 모든 사항의 승낙 조건은 달라이 라마가 17개 평화협의에 대한 공개적인 부정과 무효화였다. 미국의 요구에 달라이 라마는 매우 신중하고 조심스러웠다. 1951년 7월, 달라이 라마는 북경을 향해 떠난다. 중국 정부의 신임을 얻으라는 티베트 내부의 의견에 동의한 것이다. 그러던 중 1956년에 파키스탄 왕자의 종교 법회 초청을 받는다. 하지만 중국 정부의 거절로 무산된다.[152] 그러나 그해 11월에 인도를 방문할 수 있는 허가를 받은 달라이 라마는 네루 수상을 만날 수 있게 된다. 이때 달라이 라마는 인도의 정치적 보호를 기대했으나 네루 수상은 동의하지 않았다. 달라이 라마가 인도에 머무르는 동안 중국의 주은래周恩來 총리가 유럽 순방을 마치고 돌아오는 길에 인도에 들렀다. 당시 주은래 총리는 달라이 라마에게 라싸로 돌아갈 것이냐? 고 물었고 달라이 라마는 당연히 귀국할 것이다.라고 대답했다.[153] 결국 달라이 라마는 인도에서 어떤 동의와 확답을 얻지 못한 채 1957년 4월 1일에 라싸로 다시 돌아온다. 이러한 와중에 미국 정보국은 달라이 라마의 형 쨔러뚠주嘉樂頓株와의 접촉을 통해서 티베트인 유격대를 발족시키고 체계적으로 훈련 시킨다. 이 계획의 목적은 대對중국에 대한 티베트 저항 세력을 배출하여 중국 내 분리주의 저항 집단을 만들고자 하는 것이었다. 처음엔 적극적이지 않던 달라이 라마의 미국에 대한 태도는 1959년 3월, 라싸에서 발생한 폭동 사건을 계기로 미국에 대한 전면 의존으로 전환된다. 결국 달라이 라마는 미국 정보국의 협조와 원조 속에 티베트를 탈출하여 인도로 망명한다. 당시 그의 나이는 16세였다.[154]

사는 이유

라마 왕국은 왜 몰락했을까?

1959년 14대 달라이 라마가 인도로 망명하기 이전까지 티베트에서는 변하지 않는 한 가지 원칙이 통용되었다. 그건 계절의 순환을 믿는 티베트인들의 신앙이었다. 그들은 여전히 불교사원에 헌신적이었고 라마들을 따랐다. 라마들은 복잡한 법률이나 조약을 선도하지 않았고 보이지 않는 지침들, 가령 영혼의 이동, 환생이나 윤회의 순환, 소리와 리듬의 조화 등을 강조했는데 사람들은 그것을 믿고 따르는 것이 삶을 복잡하지 않게 살아가는 철학으로 여겼다. 철저한 신앙, 단순한 유대관계, 생명을 대하는 정직한 태도는 특별히 구체적인 실행을 촉구하지 않았지만, 곤궁한 일상에 선명한 방향을 인도해 준다고 믿었다. 티베트인들은 굳이 구체적이거나 상세하게 그것에 관하여 설명이나 해석을 요구하지 않았다. 다만 그것들은 해야 할 일과 하지 말아야 할 일을 스스로 고민하게 만드는 힘이 있다고 믿었다. 비록 주술적 행동이라 할지라도 말이다.

수백 년 동안 전승되거나 세습되어온 이 원칙들은 모두가 동의하는 정교합일政敎合一이라는 통치체제를 만들어냈고 달라이 라마라는 신적 존재를 배출했다. 한편 이 현상을 외부의 시선으로 보자면 티베트인들의 행동과 사유, 일상과 죽음, 신앙과 양심의 관계를 그들이 정한 특별한 원리 아래 놓고 올바르다고 확신하기는 힘들다. 거의 변하지 않는 위계가 엄중한 불평등 사회로 귀결될 수도 있다고 볼 수도 있기 때문이다.

1946년 장개석이 달라이 라마에게 보낸 편지를 보면 다음과 같은 대목이 나온다.[155]

지구상에서 국가들은 권력과 부富를 쟁취하기 위해서 애쓰는데 단지 하나의 왕국만이 독재적인 이상세계를 추구하고 있다. 그곳은 바로 소수의 라마가 지배하는 티베트西藏다. 그곳은 두 개의 중심축으로 질서를 구축하고 사회를 규합한다. 첫 번째는 환생자라고 불리는 달라이 라마라는 통치자이고, 두 번째는 그 통치자를 보호하고 추종하는 사원과 라마승 세력들이다. 그들은 종교를 통하여 금욕주의와 영적 세계에 집중하게 하고 영원히 살 수 있는 환생이라는 신비하지만 모호한 구도를 제시한다. 아무것도 모르는 티베트 사람들은 당연히 그들을 추종하며 자신들의 탄생과 죽음을 그들에게 의지한다.

1951년 중국이 티베트고원을 점령하고 〈티베트 평화해방의 17조 조약〉의 제시는 위에서 장개석이 언급한 내용을 바탕으로 하고 있다. 문맹에 가까운 티베트인들을 불교사원의 포로이자 노예라고 본 것이다. 그러므로 그런 끔찍한 상태는 당연히 해방이 필요하고 그러기 위해서는 무엇보다 먼저 라마와 불교사원이 점유하고 있는 권력과 부富를 빼앗고 모든 것을 평등화하기 위해 조약을 체결해야 한다고 생각한 것이다. 그리하여 중국 측은 무려 17개나 되는 조항을 제시한 것이다. 이에 관해 달라이 라마는 다음과 같이 응수했다.

우리의 사유와 인생 경험에 따르면, 당신들이 주장하는 평등은 우주의 본질도, 신의 본질도, 부처가 깨달은 그 무엇과도 상관없는 것입니다. 평등이란 인간 사고의 본질이라고 보기에도 애매하고, 좀 냉정하게 말하자면 인간 사고의 여러 경향 중 하나에 불과할지도 모릅니다. 어쩌면 그것은 인간이 만들어낸 무의식적이고 철저히 인간 중심적인 전제를 깔고 있을지도 모른다는 이야기입니다. 당신들은 우리들의 감성과 연대를 과소평가하고 소외하고 있습니다. 우리에게 중요한 무엇은 누구에게나 주어지는 평등과 자유가 아니고 세상을 이해하는 두 가지 방식, 즉 연민과 이타利他뿐 입니다.

그러함에도 불구하고 17조 조약은 체결되었고 14대 달라이 라마는 도망에 가까운 인도 망명을 결정한다. 그 후 라마 왕국은 붕괴와 몰락의 길로 들어선다. 살펴보면 라마들의 세상이라고 불리던 티베트는 19세기에서 20세기 초까지 몇 가지 내외적 문제에 직면하고 있었다. 위기를 느낀 13대 달라이 라마는 티베트의 근대화를 추진한다. 그는 자신의 자위 무장세력을 통하여 한족漢族관원과 한군漢軍을 몰아내고 티베트를 새롭게 정돈하고자 했다. 그리고 영국의 도움을 받아 군대 개혁을 강력하게 추진하고자 했다. 티베트 상류층인 귀족 가문의 자제들을 영국과 인도로 유학을 보내기도 했다. 3차례나 벌어진 캄의 전쟁을 통해 13대 달라이 라마는 기회와 희망을 보기도 했다. 군대의 근대화와 지방 토착 세력들과 연대만 이루어진다면 티베트의 자주성과 독립을 모색할 수 있다고 보았다. 당시 일부 귀족 군관들은 그의 개혁에 찬성했다. 그들은 군의 근대화로 외부의 간섭과 개입에 맞서야 한다고 주장했다. 청년 귀족을 중심으로 하는 개혁파는 사원과 라마들이 받는 종교적 특혜를 타파하고 합리적인 정책과 설득력 있는 규율을 제정해야 한다고 연대를 도모했다. 그러기 위해서는 서구의 선진기술을 받아들여야 하는데 러시아보다는 영국을 선호했다. 당시 강구康區에 주둔하던 영국군 관원 에릭 테 이치 맨Eric. Teichmam, 1884~1944의 주장에 따르면, 세 차례의 캉장康藏전쟁으로 티베트군의 병력과 무기의 현대화는 중국국민당과 싸울 수 있는 수준이었다고 했다.[156] 당시 13대 달라이 라마의 주도로 결성된 임시 티베트군대의 군관들은 서양의 생활방식을 추종했으며 그들의 복장을 선호했고 서양의 물품과 가치관을 학습했

193

다. 하지만 군대 증원과 장비의 도입은 재정의 문제를 극복하지 못했다. 티베트 지방정부의 수입만으로는 증가한 군대의 규모를 부양할 수 없었다. 티베트군의 근대화는 막대한 지출을 요청했는데 티베트 재원의 대부분은 사원과 귀족들이 소유한 장원에서 나오고 있었다. 13대 달라이 라마는 불교사원과 지방정부 그리고 (귀족)영주들에게 협조를 유도했지만 실패했다. 사원 세력의 반대는 유독 강했다. 13대 달라이 라마는 1924~1925년에 걸쳐 자신을 돕던 관군과 관직을 해임하고 근대화 계획을 백지화한다. 그는 끝내 자신이 추구했던 근대화에 성공하지 못하고 임종했다. 몰락의 첫 번째 요인이라 할 수 있다.

불교사원과 라마는 티베트의 역사와 전통을 개조하고 이끈 주체임에 틀림없다. 라마 개개인은 단지 스스로가 자처하여 영적 수행을 추구하는 수행자에 불구하지만 그들은 고도화된 정신 수양을 통해 감수성을 동반한 예리한 통찰력을 배양한 특수한 존재들이라고 볼 수 있다. 여기서 말하는 통찰력이란 인간이 지각하는 대상의 본질에 대한 즉각적이고 총체적이며 자발적인 깨달음을 말한다. 이것은 다단계에 걸쳐, 혹은 동시다발적으로 경험하는 인식의 특별한 종류라고 볼 수 있다. 무엇이, 언제, 어디서, 어떻게, 왜 그리고 어떤 인과因果로 연결돼 있는지에 대한 본능적인 질문과 대답이 모두 그 안에 담겨있다. 그것은 지적이며 감성적이고 직관적인 인식이다. 라마들이 추구하는 통찰력은 순간적이다. 그것은 순간이지만 일관적이고 연속적인 시간 속에 존재한다. 그래서 그 이전의 상태로 되돌아가기는 불가능하다. 새로운 깨달음은 새로운 감수성이 더해지고 새로운 무엇을 목격하게 된다. 하지만 그들이 추구하는 논리는 영적인 영역에 국한되므로 담론으로 훈련된 지식인들이나 공산당에게는 설득력을 발휘하지 못한다.

중국은 그런 라마들이 구축한 왕국이 못마땅했고 이해가 되지 않았다. 사원은 규모와 영향력에 따라서 아무런 이유도 없이 장원과 농노를 배분받았다. 라마들은 스스로가 원하는 종교 활동만 할 뿐 생산을 위한 노동이나 활동을 하지 않아도 굶어 죽지 않았다. 단지 사원 유지나 확대에 필요한 활동만 하면 될 뿐이었다. 규제와 구획이 불가능한 광활한 영토, 유목민과 농민의 대다수가 지식이 없는, 하지만 불교의 내세관으로 만족하는 사람들, 근대적 군대와 무기가 필요 없을 정도로 봉쇄된 지리적 환경, 이런 요건들은 지성과 지식을 갖춘 라마들에게는 세습이 가능한 낙원이었다.

라마들은 사원이라는 거대한 울타리 속에서 우주의 평범한 물질적 속성이나 인과관계, 확률의 법칙을 초월한 차원으로 사람들을 끌어올린 주역들이었지만 어쩌면, 불교 왕국 몰락의 이유 중의 또다른 요소일지도 모른다. 그들은 집단과 연대를 이루어 변화를 거부하고 원래의 자리를 지키려 하였다. 하지만 20세기 초 티베트를 둘러싼 외부 환경은 이미 통제할 수 없는 변화가 일어나고 있었다. 중국에서는 공산당이 중화인민공화국을 건립했고 영국은 인도를 통해 세력 확장을 시도하고 있었다. 당시 중국, 인도, 영국은 티베트의 지정학적 위치에 욕심을 내고 있었다. 영국은 러시아의 견제와 인도의 확장을 위해서, 중국은 영토의 확장과 공산주의 이념의 전파를 위해서, 인도는 안보적으로 티베트가 매우 중요한 위치를 점유하고 있었기 때문에, 그들에게 티베트의 선점은 경제, 안보, 외교적으로 무엇보다 긴박한 문제였다. 하지만 라마를 앞세운 사원 세력은 티베트의 안보와 사회질서는 정교합일에 있다고 주장하면서 개혁과 변화를 거부했다. 집결한 사원 세력은 13대 달라이 라마가 추구하는 근대적 개혁은 자신들이 구축한 라마 왕국의 추락을 부추기며 정교政敎의 근간을 흔들 것이라고 염려했다. 그들에게는 자신들의 터전인 사원의 위상과 권위가 먼저였다. 인구 과잉이나 경제적 다툼으로 골치 썩을 일이 없는 티베트는 초원의 유목인들과 농민들의 사유와 신앙만 굳건하면 별다른 일이 생기지 않을 것이라고 믿었다.

20세기 초까지 티베트에서는 달라이 라마가 속해 있던 겔룩파格魯派가 여전히 정치와 종교를 장악하고 있었다. 인구 밀집이 가장 많았던 라싸를 보면 사원의 규모와 라마의 숫자 면에서 가장 큰 세 개의 불교사원이 장악하고 있었다. 세라 사원色拉寺, 저빵 사원哲蚌寺, 간덴 사원甘丹寺 등을 들 수 있는데 이 사원들은 저마다 막강한 영향력과 그로 인해 파생되는 재정적 이득을 확보하고 있었다. 이들이 보유하고 있던 장원과 농노 그 밖의 재정수입은 입도적이었다. 어린 아들을 이 사원들에 보내면 신분의 상승과 가문의 영광이 보장된다는 소문이 유목민 사회에서 전파될 정도였다. 심지어 이들의 영향력과 파급력은 티베트의 통치자 달라이 라마보다 훨씬 강력하고 보편적이라는 소문도 돌았다. 그래서일까. 그들은 철저하게 사원의 존립과 계승을 위해 노력하며, 전통적인 체제의 변화를 원하지 않았다. 불교사원은 달라이 라마를 앞세워 사회를 규합하고 연대하며 자신들의 왕국을 견고히 하는데 많은 시간을 할애했다. 사원의 정체성을 고집하는 라마 집단은 티베트의 근대화 개진을 반대하는 성향을 가지고 있었다. 군대의 증설과 창설은 곧 사원의 경제 근간을 흔들며 티베트불교의 영향력에 영향을 미친다고 생각했다. 근대화란 개방과 이동, 교류와 변화를 의미한다. 전쟁과 살생을 혐오하는 사원 측에서 보면, 근대식 군대의 구성과 규모의 확장은 재정의 지출과 함께 티베트 사회의 정체성을 흔드는 총체적 변화였다. 더군다나 당시 영국의 도움과 개입은 최악의 경우 신앙의 상실로 이어져 불교왕국의 붕괴로 이어질 수 있는 여지로 간주하기에 충분했다. 그렇게 되면 사원의 위상과 견고성이 흔들릴 수 있으며 티베트 사회의 동요를 유발할 수 있다고 생각했다. 몰락의 두 번째 요소로 볼 수 있다.

일반적으로 국가나 사회에 대격변이 찾아오는 건 재난이나 전쟁이 발발한 직후의 시기다. 13대 달라이 라마의 근대화 실패와 1933년 12월 그의 임종은 티베트가 몰락의 길로 들어서는 확연한 틈을 주었다. 그의 임종 이후 〈민중대회〉에서 결정 난 임시 지도자는 열진熱振활불이었다. 티베트는 전통적인 방식대로 13대 달라이 라마의 정치적 공백을 섭정활불로 채우려고 했다. 13대 달라이 라마의 다음 환생자가 나타날 때까지 그가 티베트의 혼란을 잠재우고 사원의 연대에 영향력을 발휘하길 바랐다.

하지만 열진의 집정시기 라마 왕국은 오히려 분열과 혼란의 상태가 가중된다. 영적 수행이 풍부하다고 믿었던 그가 부패와 타락에 빠져들었기 때문이다. 열진은 수행자임에도 불구하고 엄격한 규율과 수행 지침을 스스로에게는 적용하지 않았다. 지도자이면서 구도자인 그가 자신의 재산증식에 탐욕을 부린 것이다. 1940년 열진은 돌연 섭정의 직위를 내려놓겠다고 공포한다. 이유는 충격적이지만 독신의 계율을 자신이 어겼기 때문이라고 고백했다. 대창大扎활불이 그의 뒤를

/
197

이었다. 그는 사회의 안정과 사원의 질서 유지에 힘을 쏟았다. 5년 뒤 라싸로 다시 돌아온 열진은 섭정의 지위를 달라고 요구한다. 이때 열진을 따르는 라마들과 대창을 추앙하는 집단으로 나누어져 티베트 사회는 혼란과 극도의 무력감에 빠져든다. 열진을 따르는 라마들은 국민정부의 도움을 받아 대창을 공격하려 했다. 반면 대창을 따르는 라마들은 열진에 저항하며 티베트의 국제적 위상을 강화하려고 노력했다. 당시 대창과 그를 따르는 귀족 자제들은 임종한 13대 달라이 라마의 유지를 이어 받아 서방의 선진기술, 예를 들면 전신 기술에 관심을 가졌는데 그래서 젊은 귀족과 속관들을 서구에 파견하여 선진기술의 학습과 영어를 배우게 했다. 열진은 극렬히 반대했으며 승병을 파견하여 대창을 따르는 귀족들을 공격하고 학교를 파괴했다. 열진과 그를 따르는 라마들은 어떤 식의 개방과 교류, 학습과 모방을 원하지 않았다. 그들은 대창을 암살하려는 계획을 시도하였고 장개석에게 군사원조를 청하기도 했다. 그러나 모든 계획이 실패하고 열진이 옥중에서 숨지자 독살이라는 소문도 돌았다. 그가 죽은 후 그를 따르던 일부 라마들의 폭동이 일어났지만 바로 제압되었다. 티베트 사회를 구제하고 안정시켜야 했던 중요한 시기에 섭정활불이라는 통치자의 부패와 타락, 몰락의 세 번째 요소로 볼 수 있다.

외교 역량의 부족은 라마 왕국 붕괴의 결정적 요소라고 볼 수 있다. 20세기 초 영국은 티베트의 주요 지지국이자 도움을 줄 수 있는 국가로 볼 수 있다. 1903년 영국은 티베트로 접근을 시도했다. 영국 정부는 티베트에 문호 개방과 통상, 외교관 상주를 요구했지만 티베트는 거절하고 러시아와 외교관계를 맺으려 했다. 그러자 영국은 영허즈번드F. E. Younghusband대령이 이끄는 1만여 원정대가 티베트로 출병했다.[157]

티베트는 화승총과 칼로 무장한 농민군이 저항했지만 역부족이었다. 1904년 8월 3일 영국은 라싸에 입성하고 9월 7일, 〈라싸 조약〉이 체결된다. 영국은 이 시기를 기점으로 티베트에 대한 심층적 전략, 즉 식민지 지배와 러시아의 견제를 고려하게 되었다. 티베트를 중국과 러시아의 영향력에서 완충지대로 생각한 것이다. 영국군이 라싸로 진입하자 13대 달라이 라마는 몽골로 몸을 피한다.

1911년 신해혁명이 일어나자 13대 달라이 라마는 라싸로 돌아와 독립을 시도한다. 중국은 동의하지 않았고 영국이 1914년 3월 심라 Shimla 회의를 제안한다. 삼자회의는 국경선 확정과 티베트의 언어와 문화권에 대한 의견 조율이 핵심이었다. 티베트와 영국은 기대했고 중국은 거절했다. 영국은 3자 협상에서 중국의 거절에도 불구하고 인도를 식민지한 경험을 바탕으로 자신들의 권익을 챙기려 하였다. 그러면서 중국의 입장을 견제하며 모호한 외교적 자세를 취했는데 즉, 티베트는 독립 국가임을 인정하면서도 국제사회에서는 공개적으로 지지하는 모습은 보이지 않는 것이었다. 1947년 인도의 독립 이후 영국이 티베트에 대한 간섭과 개입은 위축되었다. 1948년 티베트는 무역대표단을 꾸려 해외로 나가 티베트의 실체와 지위에 대한 호소를 계획했으나 영국은 도움을 주지 않았다. 1949년 10월 중국인민해방군이 무력으로 쓰촨을 통해 라싸로 진입하자 그해 12월 티베트는 연합국을 상대로 도움을 호소했다. 이때에도 영국은 연합국을 상대로 자신들의 입장을 분명히 하지 않았다. 인도는 티베트는 독립적 실체라는 주장에 동의하지 않았지만, 중국의 주장에도 의견을 내놓지 않았다.

1949년 장개석이 이끄는 국민당 정부가 공산당에 패배한 후 타이완으로 도주하자 미국은 아시아에서의 공산주의 전파를 염려하여 티베트에 관심을 가지기 시작했다. 사실 미국은 티베트 대표단의 미국 방문에 대한 요구를 접수하지 못한 것으로 알려졌다. 당시 티베트가 연합국에 성명을 발표하고 호소한 사실, 티베트가 매우 엄중한 위기에 직면했다는 사실을 인지하지 못했기 때문인데, 그건 1950년 발생한 한국 전쟁 때문이었다. 하지만 1951년 이후 미국은 티베트의 정치적 실체에 대해 관심을 표명했고 직간접적으로 도움을 주었다. 실지로 1959년 달라이 라마의 인도 망명은 미국의 도움이 있었기에 가능했던 것으로 보인다. 인도로 망명한 달라이 라마는 미국과의 협조를 전면 부인했지만 CIA요원이었던 페터슨Patterson의 주장에 따르면, 달라이 라마의 인도 망명 프로젝트는 철저한 미국의 사전 계획이었다는 것이다.[158]

그의 주장에 따르면 1959년에 라싸 폭동이 발생한 후, 한 달이 지난 다음 미국은 티베트인의 유격 훈련을 미국 본토에서 진행할 것을 결정했다는 것이다. 미국은 그간 중국 서부의 험악한 산간지대에서 유격 훈련을 한 경험을 바탕으로 이와 비슷한 자연환경을 가진 미국의 콜로라도 주州에 캠프Camp Hale를 마련했다. 기록에 따르면 1959~1962년까지 약 200명 정도의 티베트인들이 이 지역에서 유격 훈련을 받은 것으로 파악된다.[159] 비밀스럽게 진행된 이 프로젝트는 1961년 12월에 유격대원을 실은 버스가 공항에서 접촉사고가 나는 바람에 세상에 알려졌다.[160]

1960년대 미국 중앙정보국의 요원이었던 프루티L. Fletvher Prouty또한 만약 미국의 도움이 없었다면 달라이 라마의 인도 망명은 불가능했을 것이라고 주장했다.[161] 여기에 중앙정보국 비밀 프로젝트에 가담했던 팀장 비셀Richard Bissel 역시 프루티의 의견에 동의하며 심지어 미국이 훈련 시킨 유격대가 없었다면 이 프로젝트는 불가능했다는 의견을 제시했다.[162]

당시 16세에 불과했던, 하지만 영향력을 발휘할 수 있었던 14대 달라이 라마가 인도로 망명한 후, 라마 왕국은 급격히 붕괴의 길로 들어선다. 달라이 라마는 인도에서 망명정부를 꾸리고 국제적으로 티베트의 현실을 호소했지만, 성과와 효과는 미미했고 오늘날까지도 이어지고 있다. 14대 달라이 라마의 인도행은 라마 왕국 몰락의 결정타로 여겨진다. 그는 라마 왕국 구성의 핵심적인 존재다. 라마들에게는 숭고한 환생자였으며 티베트인들에게는 숭고한 존재였다. 그가 비록 만들어진 신이라 할지라도 그의 존재 여부는 라마 왕국의 흥망과 긴밀한 관계를 맺고 있었다. 그의 발언과 행동은 티베트 사회의 안녕과 질서에 고스란히 반영되기 때문이다. 14대 달라이 라마의 인도 망명은 티베트의 실체를 소외시켰으며 국제사회에서 도움을 받기에 제한을 주었다. 몰락의 네 번째 이유가 될 수 있을 것이다.

/
201

소년의 하루는 초원에서 야크를 돌보는 일이다. 아이의 엄마는 양탄자를 짜서 시장에 내다 파는 유목민이고 아빠는 붉은 소금을 야크 등에 싣고 히말라야 너머로 가서 신발이나 옷으로 바꾸어 오는 상인이다. 소년은 해가 뜨면 초원으로 나가 온종일 야크를 몰고 다닌다. 표정이 저마다 비슷한 야크들에게 풀을 먹이고 똥을 싸게 한다. 초원에서는 야크 똥을 햇볕에 말려 밤에 불을 지피는 연료로 쓴다.

엄마, 야크는 얼굴이 다 비슷해요.
그렇구나. 아가야.
그럼, 야크 엄마가 아기를 어떻게 알아봐요.
소리로 구별한단다.
소리요?
응. 소리란다. 아기의 소리.
그런데, 사람의 얼굴은 다 달라요.
그렇구나. 아가야.
왜죠? 사람도 동물이라면서요. 엄마가 그랬잖아요.
사람은 표정을 가장 다양하게 짓는 동물이란다. 화가 나거나 기쁘면 얼굴에
그대로 드러나지.
왜, 그럴까요?
그게, 사람 얼굴에 털이 없는 이유란다.

소년은 꿈은 바다를 보는 것이다. 매일 보는 무료한 초원보다는 물고기가 산다는 바다가 보고 싶었다.

바다가 보고 싶어요. 엄마.
여긴, 바람 소리와 풀의 냄새가 있잖니?
그건 보이지 않잖아요?
보이지 않는 것이 우리를 지켜 준단다.

　한밤, 소년은 잠이 깼다. 밖으로 나온 소년은 검은 허공을 바라보았다. 밤은 어둡지만 조금만 가만히 있으면 보일만큼은 보인다. 말을 탄 사람과 그 말의 고삐를 쥔 사람이 보였다. 소년은 잠이 든 야크를 깨워 타고 그쪽으로 나아갔다.

　애야, 이곳에 사니?

　말 위에서 해방解放이라고 써진 모자를 쓴 사람이 물었다. 모자에는 노란색의 별이 다섯 개나 박혀 있었다. 말은 야크를 보자 앞발을 높이 들며 어떤 소리를 냈는데 경고의 소리같이 들렸다. 소년은 야크에서 내려 말의 눈동자를 빤히 쳐다보았다. 아무래도 지금 말은 뭔가 못마땅한 표정이었다. 심하게 들어 올렸던 말의 앞발이 다시 땅 위에 내려오자 타고 있던 사람이 손을 뻗어 말의 목을 문지르며 달랬다.

　괜찮아. 여긴 초원이야.
　먹을 것이 많지.

　그는 말의 목을 톡톡 치며 혼잣말처럼 이야기했다. 소년은 그를 올려다봤다. 처음 보는 그는 무릎까지 올라오는 답답한 구두를 신고 있었는데 이곳 초원에 어울리는 모양새는 아니었다. 소년은 자신의 맨

발로 땅을 긁으며 그를 올려 보았다. 그가 호주머니에서 뭔가를 꺼내
더니 입에 문다. 소년은 물었다.

아저씨, 그건 사탕인가요?
담배란다.
뭘 먹는 건가요?
연기를 먹지.

그가 연기를 먹는 그것에 불을 붙여 빨아들이자 양 볼이 움푹 파였다.

없을 거 같은데.

그가 심드렁한 표정을 지으며 말을 뱉자, 말 아래서 주위를 둘러보
던 다른 사람이 바로 대답한다.

있답니다.
들었습니다.

그가 짧아진 담배를 구두 앞 축에 대고 끄더니 손가락으로 틱. 하
고 던지며 말에서 내린다. 소년은 풀 위에 떨어진 그것을 집어 주머
니에 넣었다.

이 소는 털이 많군. 그가 야크를 내려다 보며 말했다.
야크예요. 똥을 아주 잘 싸죠. 소년은 크게 말했다.

다음날, 그들은 다시 나타났다. 말 위에 올라타 있던 어제의 그는 초원을 한참 바라보더니 뒤를 돌아보고 손을 저었다. 그의 등 뒤에는 수십 대의 트럭이 보였는데 그곳에는 처음 보는 사람들이 있었다. 그들은 같은 모자와 신발을 신고 있었다. 그들의 손에는 삽과 톱, 망치와 도끼가 쥐어져 있었다. 그들은 서로 다른 방향으로 빠르게 뛰어갔다. 와. 하며 소리를 지르며 뛰어갔는데 작은 무리를 이루거나 세 명이 손을 잡고 같이 움직였다. 손전등을 손에 쥔 사람들은 일렬로 서더니 소중한 무엇을 찾는 것처럼 촘촘히 좁혀 나아갔다.

소년은 마을 사람들에게 알렸다. 말과 트럭, 이방인들을 처음 본 유목민들은 그들에게 버터 차와 보리떡을 건네주었다. 그들은 맛을 보더니 더 달라고 하지 않았다. 대신 사람 얼굴이 그려진 종이를 주었다.

이게 뭔가요? 턱에 갈색 반점이 번져있는 유목민이 물었다.
돈. 돈이잖소. 삽을 어깨에 걸친 사람이 대답했다.

유목민들은 그것이 자신들의 삶에 어떤 영향이 있을까 생각해보았지만, 야크의 똥이나 물보다 나을 거 같지는 않았다. 그들은 매일 아침이면 나타나 도망간 누군가를 찾듯이 초원을 수색했고 노을이 지면 나무 밑으로 가 술을 마시고 노래를 불렀다. 여러 날이 지나고도 아무런 수확이 없자 그들은 새로운 기계와 도구를 가지고 나타났다. 특이한 건, 코끼리를 닮은 거대한 자동차를 몰고 왔는데 그것의 측면에는 어마한 톱이 달려 있었고 웅, 웅, 하며 스스로 돌았는데 바위도 자를 거 같았다. 그들은 그것을 몰고 초원과 숲으로 돌진했다.

후문

여기서 뭘 하는 거요? 유목민 할아버지가 엄중하게 물었다.

뭘 찾고 있소. 말 위의 그 사람이 말했다.

여기는 우리가 사는 곳입니다. 할아버지 옆에 있던 아들이 말했다.

알아요. 알아. 말 아래 서 있던 사람이 채찍을 허공에 휘두르며 대답했다.

여기를 떠나주시오. 할아버지는 작지만 단단한 목소리로 말했다.

돈을 줄 터이니 기다리시오. 그가 말에서 내리지 않고 말했다.

유목민 할아버지와 아들은 화가 나서 그대로 서 있었고 말 위의 그는 풀에 침을 뱉었다. 소년은 그 광경을 보고 집으로 돌아와 엄마에게 말했다.

초원에 가지 말아라. 아가.

왜요?

아빠가 돌아오면 우린 집을 떠나야 할지도 몰라.

밤이 되자, 누군가 고함을 지르는 소리가 들렸다.

여긴, 우리 땅입니다.

땅을 파지 마세요.

풀을 괴롭히지 말아요.

소년이 밖으로 나가보니 할아버지의 아들이 목청껏 고함을 지르며 같은 말을 반복하며 돌아다니고 있었다. 며칠이 지나고 그가 사라졌다는 소문이 돌았다. 누군가는 말을 탄 사람이 끌고 가는 모습을 봤다고 했고 누군가는 숲속에서 벌거벗고 뛰고 있는 모양을 목격했다고 했고 또 누군가는 절벽에서 뛰어내리는 것을 보았다고 했다. 아들이 사라지자 할아버지는 초원에 나가 온종일 걸었다.

초원을 가로질러 가던 라마승이 땅을 파고 있는 그들을 보았다.

왜, 이곳에 관심을 가지시오? 라마승이 다가가 물었다.

이곳에는 금. 황금이 있소. 구덩이 속에 있던 사람이 허리를 펴며 대답했다.

누가 그래요? 금이 있다고? 라마승은 물었다.

들었소. 이곳에 많다고.

이곳에서 중요한 것은 자르고, 가르고, 베고, 찍어서 새로운 무언가를 찾거나 만드는 것이 아니라 원래의 것을 보존하는 것입니다. 라마승은 진지한 표정으로 말했다.

가시오! 듣고 있던 그가 상판을 찡그리며 말했다.

하늘, 땅, 공기, 구름, 달, 별, 풀, 벌레, 물. 이것들은 원래부터 인간의 것이 아니란 말이지. 라마승은 물러나지 않고 말했다.

거, 모르는 모양인데, 이곳에는 금, 동, 석탄, 철, 구리, 다이아몬드, 라듐, 아연, 티타늄, 텅스텐뿐만 아니라 세계 최대의 우라늄 광원이 있소. 그가 깊게 파인 구덩이에서 기어오르며 말했다.

무엇이 있다 해도 그것들은 당신들 것이 아닙니다. 라마승은 턱을 들며 말했다.

그 말은 들은 그 사람은 손을 들어 다른 사람을 불렀다. 그리고 명령하는 어조로 말했다.

이놈을 데려가라.

태양이 힘을 잃어가던 오후, 라마승은 자신을 데려가는 그곳이 어딘지를 물었지만 어떤 사람도 대답하지 않았고 잠시 후 말을 탄 군인이 오더니 염주를 쥐고 무언가를 중얼거리는 라마승을 태워 어디론가 떠났다. 그 후로도 그들은 초원에 길과 도로를 내고, 개별 막사를

후문

짓더니 기어코 유목민들이 사는 겔까지도 옮겨야 한다고 다른 곳으로 이동해달라고 요구했다. 참다못한 유목민 여인이 구덩이를 파고 있는 그들에게 다가가 따지다가 너무 화가 난 나머지 즉석에서 한 명을 자신의 머리 위로 들어 올려 빙빙 돌리면서 소리쳤다.

이곳을 떠나란 말이야.

그녀는 그러면서 그를 땅바닥에 던졌는데 그 광경을 본 삽을 든 사람이 호루라기를 불며 뛰어오더니 알 수 없는 말을 지껄이며, 아마도 욕인듯했는데, 그러는 동안에도 아랑곳없이 여전히 큰소리로 이곳을 떠나란 말이야. 를 반복하고 있는 그 유목민 여인의 손을 뒤로 묶어 어디론가 데려갔다. 그 이후로 그 당당한 유목민 여인을 본 사람은 없었다.

유목민들은 넓고 푸른 초원이 얼마나 적막하고 공허한 풍경 속의 일부가 되는지를 매일 매일 지켜보면서 앞으로의 나날을 상상하게 되었다. 그리고 그들의 두려움과 염려처럼 초원은 보기 흉한 땅덩어리로 변해갔다. 땅은 보기 흉하게 듬성듬성 파여 갔다. 계절이 두 번 바뀌어도 그들은 자신들의 행동을 멈추지 않았는데 아마도 간절히 찾는 것을 발견하지 못한 모양이었다.

세 번의 겨울이 오자, 그들은 술에 취한 불콰한 얼굴로 텅 빈 트럭을 몰고 사라졌다. 그들이 사라지고 얼마간의 시간이 지나자, 풀, 벌레, 곤충, 버섯, 동물들이 사라졌다. 그리고 또 얼마간의 시간이 지나자 야크들이 풀에 쓰러져 일어나지 못했다. 소년은 유목민 할아버지에게 물었다.

야크가 이상해요? 할아버지.
굶어서 그러지.
살리고 싶어요.
그럴 수 없단다.
왜요?
초원이 사라졌으니 야크는 살 수 없지.
그럼요?
야크가 없으면 우리도 살 수가 없단다.

후문

1. 국문

R. A. 슈타인 저, 안성두 역, 『티베트 문화의 이해』, 무우수, 2004.

강현사·이평래·김장구·김성수 공저, 『중국 학자들의 소수민족 역사 서술』, 동북아역사재단연구총서 32, 2008.

공봉진, 「중국 '민족 식별'과 소수민족의 정체성에 관한 연구」, 『국제정치연구』, 동아시아국제정치학회, 2004.

丘桓興 지음, 남종진 옮김, 『중국 풍속기행』, 프리미엄북스, 2002.

길희성, 「티베트불교 민족주의의 역사적 고찰」, 『동아연구』 제36집, 1999.

김경보, 「개혁·개방 이후 중국 소수민족 정책 연구: 티베트 자치구를 중심으로」, 서강대 대학원 석사학위논문, 1999.

김경진, 「중국 소수민족철학의 형성과 발전」, 『한국종교』 제19집, 1994.

김규현, 『티베트 문화 산책』, 정신세계사, 2004.

_____, 『티베트 역사 산책』, 정신세계사, 2003.

김대광, 「중국의 소수민족 정책의 변화과정에 관한 연구」, 동아대 대학원 석사학위논문, 1994.

김백현, 「티베트 토착종교 빈뽀교 탐구」, 『중국학연구』 제28집, 2004.

김석근, 「티베트불교와 '달라이 라마'의 역사정치학: '정치와 종교'의 얽힘과 분화를 중심으로」, 『동양정치사상사』, 제4권 2호, 2005.

김성수, 「청대 티베트불교 세계의 여행」, 『東洋史學會』第28回 冬季研究討論會(동아시아 역사에서 여행과 타자인식), 2009.

_____, 「티베트 전통사회에서의 사원과 '티베트불교 문화권'의 형성」, 『몽골학』 21, 한국몽골학회, 2003.

김성철, 「깨달음이란 무엇인가」, 『불교평론』, 2003년 여름 제5호.

김수인, 「中國 少數民族의 住居 研究: 東北3省 朝鮮族 農邨住居를 중심으로」, 『環境研究』 제15집 2호, 1999.

김양희, 「中國西南地區少數民族鳥類崇拜研究」, Journal of Korean Studies 제3집, 2002.

金榮玉, 「中國少數民族服飾 II」, 『長安論叢』 제13집, 1993.

金榮玉·黃春燮,「中國少數民族服飾 I」,『長安論叢』제11집, 1991.

김영진,「티베트 活佛사상의 연구」,『중국학연구』제28집, 2004.

김용찬,「티베트 망명정부의 수립」,『민족연구』3호, 2007.

김윤태,「중국 티베트민족주의 발전의 본질: 민족이익과 민족자존회복」,『중국학연구』제28집, 2004.

김재기,「중국-티베트민족 갈등의 정치적 동학: 국내외 집단요인을 중심으로」, 전남대 대학원 석사학위논문, 2001.

김한규,『天下國家: 전통 시대 동아시아 세계 질서』, 소나무, 2005.

_____,『티베트와 중국: 그 역사적 관계에 대한 연구사적 이해』, 소나무, 2000.

김현권,「소수민족 한족(漢族), 다민족문화 중국」,『참여불교』제11집, 2003.

김희연·전인영,「중국의 소수민족정책에 관한 연구: 서남중국 소수민족의 정치참여와 교육 및 문화정책을 중심으로」,『세계지역연구논총』제12집, 1998.

남민이,『상장례 민속학』, 시그마프레스, 2002.

南廷烋,「中國의 少數民族政策: 그 變化와 永續性」,『産業研究』제7집, 1996.

라마 카지 다와삼둡 영역, 에반스 웬츠 편집, 유기천 옮김,『밀라레파』, 정신세계사, 2006.

로버트 A. F. 셔먼 지음, 정창영 옮김,『티베트 사자의 서』, 시공사, 2000.

룬둡 소빠 지음, 지산 옮김,『티베트불교문화』, 지영사, 2008.

마르치아엘리아테 지음, 이윤기 옮김,『샤머니즘: 고대적 접신술』, 까치, 1992.

마치모토 시로 지음, 이태승 외 옮김,『티베트불교철학』, 불교시대사, 2008.

睦濬均,「中國의 少數民族政策」, 연세대 대학원 석사학위논문, 1989.

미쉘마틴 지음, 신기식 옮김,『까르마빠, 나를 생각하세요』, 지영사, 2007.

민병삼,「티베트불교의 형성과 발전」,『중국학연구』제28집, 2004.

박광득,「1975 중국공산당의 소수민족정책 연구」,『대한정치학회보』제12집 1호, 2004.

박병광,「중국 소수민족정책의 형성과 전개: 민족동화와 융화의 변주곡에 관하여」,『國際政治論叢』제40집 4호, 2000.

박춘순,「중국 남·북방소수민족 복식의 비교연구」,『忠南生活科學研究誌』제14집, 2001.

_____,『中國少數民族服飾』, 民俗苑, 2002.

박태호, 『장례의 역사』, 서해문집, 2006.

方衍, 「중국 西南地域의 역사·지리: 소수민족을 중심으로」, 『中國硏究』 제7집, 1994.

배한영, 「개혁·개방 이후 중국 소수민족 정책에 관한 연구」, 충북대 대학원 석사학위 논문, 2002.

백이제, 『파드마삼바바』, 민음사, 2003.

白振聲, 「少數民族對中國文化的貢獻」, 『民族과文化』 제3집, 1995.

서상민, 「중국의 소수민족 현황과 정책」, 『민족연구』 제6집, 2001.

申柱植, 「1978 중국경제성장이 중국 소수민족의 민족주의에 미치는 영향」, 『經商論集』 제31집 1호, 2003.

심혁주, 「'티베트지위'에 관한 중국 정부와 달라이 라마의 태도 분석과 전망(1950~ 2002): '티베트독립'운동을 중심으로」, 『한국아시아학회』, 제6권 1호, 2003.

_____, 「티베트 천장(天葬)문화 고찰」, 『중국학연구』 제37집, 2006.

_____, 「티베트 천장문화 고찰」, 『중국학연구』 제37집, 2006.

_____, 「티베트 활불제도의 권력구조 분석: 貴族집단을 중심으로」, 인천대학교 중국학 연구소, 『중국학논집』 제4집, 2009.

_____, 「티베트의 지속과 변화 고찰: 阿坝藏族羌族自治州 '黑水縣'의 문화접변과 정체 성을 중심으로」, 『민속학연구』, 2009.

안병우, 「중국의 변강 인식과 민족갈등」, 『중국의 변강 인식과 갈등』, 한신대출판부, 2007.

안병우·이유성·이성제·김정희 외, 『중국의 변강 인식과 갈등』, 한신대학교출판부, 2007.

야마구치즈이호 야자키쇼켄 著, 이호근·안영길 譯, 『티베트불교사』, 민족사, 1995.

오일환, 「중국 정부의 티베트(西藏)정책과 티베트 경제의 발전불균형 분석」, 『중국학연 구』 제28집, 2004.

王明珂 지음, 이경룡 옮김, 『중국 화하변경과 중화민족』, 동북아역사재단번역총서 11, 2008.

요리토미 모토히로 외, 김무생 옮김, 『밀교의 역사와 문화』, 민족사, 1989.

유재현, 『아시아의 오늘을 걷다』, 그린비, 2009.

윤광봉, 「티베트 악무의 제양상」, 『비교민속학』 제8집, 1992.

214

윤휘탁,「중국의 '변강' 연구 동향과 '변강' 인식: 동북변강을 중심으로」,『중국의 동북변
　　강연구 동향분석』, 고구려연구재단, 2004.

尹輝鐸,「現代 中國의 領土, 民族, 國家認識: 統一的 多民族國家論과 그 限界」, 국사편
　　찬위원회 편,『한국사론』, 2004.

윤희탁 등,「現代中國의 西部邊疆民族政策과 '國民國家'완성하기: 西部大開發을 중심
　　으로」,『중국의 변강인식과 갈등』, 한신대출판부, 2007.

이동률,「소수민족의 분리주의에 대한 중국의 인식과 대응」,『국가전략』 10권 3호,
　　2004.

　　　,「중국의 변강 및 소수민족정책의 동북지역 함의」,『중국학연구』 제42집, 2007.

　　　,『소수민족 분리주의 운동 전환기의 중국 사회: 발전과 위기의 정치경제』, 동아
　　시아연구단총서, 오름, 2004.

이민자,「티베트 독립운동의 경제적 배경」,『동아연구』, 제36집, 1999.

이재현,「중국소수민족에 있어서 샤먼의 역할」,『중국연구』 제16집, 1997.

이중희,「중국의 西部大開發: 국가발전전략의 변화와 한계」,『현대중국연구』 제4권,
　　2002.

이진영,「중국 소수민족 정책의 이론적 기초에 대한 연구」,『亞太硏究』 제6집 2호,
　　1999.

　　　,「중국의 소수민족정책」,『민족연구』 제9집, 2002.

이희옥,「티베트 자치문제의 지속과 변화: 3·14사건 분석을 위한 시론」,『중국학연구』
　　제45집, 중국학연구회, 2008.

임계순,『淸史: 만주족이 통치한 중국』, 신서원, 2000.

임재해,「티베트의 유목문화의 생태학적 해석」,『비교민속학』 제8집, 1992.

　　　,「티베트의 장례풍속과 '천장'의 문화적 해석」,『비교민속학』 제15집, 1998.

張公子,「中國의 開放政策과 少數民族의 役割」,『中國硏究』 제7집, 1988.

전성흠 편, 이동률,『소수민족 분리주의 운동 전환기의 중국 사회: 발전과 위기의 정치경
　　제』, 동아시아연구단총서, 오름, 2004.

전인영,「중국의 소수민족 정책 분석: 어문·풍습 정책을 중심으로」,『지역연구』 제3집
　　4호, 1994.

全寅永,「中國의 少數民族 정책」,『中蘇硏究』 제20집 3호, 1996.

정민자,『장묘제도론』, 유풍출판사, 2007.

/

215

정복희, 「中國 少數民族 服飾의 形成要因과 造形」, 『忠南生活科學硏究誌』 제10집, 1997.

鄭信哲, 「중국 소수민족의 인구이동과 그 사회적 영향」, 『現代中國硏究』 제5집 2호, 2003.

정인재, 「티베트불교와 판첸 라마의 환생」, 『동아연구』, 제36집, 1999.

_____, 「티벳(西藏)불교와 판첸 라마의 환생」, 『동아연구』 제36집, 2001.

정재남, 『중국 소수민족 연구』, 한국학술정보, 2007.

정태력, 『밀교의 세계』, 고려원, 1996.

조세현, 『중국의 국경, 영토 인식: 20세기 중국의 邊疆史 연구』, 동북아역사재단, 2004.

조재송, 「티베트불교와 유목제국의 정치적 연계과정에 대한 고찰」, 『중국학연구』 제32집, 2005.

_____, 「티베트와 몽고의 문화親緣性 연구」, 『중국학연구』 제28집, 2004.

조피셔 지음, 손민규 옮김, 『환생이란 무엇인가』, 태일, 1996.

조흥윤, 「중국 소수민족 종교문화의 성격」, 『민족과 문화』 제5집, 1997.

주민황, 「지혜와 자비의 이중주 티베트불교」, 『불교평론』, 2000년 겨울 제4호.

줄리안 스튜어드 지음, 조승연 옮김, 『문화변동론』, 민속원, 2007.

陳力生, 「中共의 少數民族과 自治制度」, 『共産圈硏究』 제88집, 1986.

질반 그라스도르프 지음, 백선희 옮김, 『달라이 라마 평전』, 아침이슬, 2005.

천용수, 「중국 소수민족정책의 변천에 관한 연구」, 인하대 대학원 석사학위논문, 1997.

崔吉城, 「라마교에 있어서 轉生의 意味」, 『비교민속학』 제8집, 1992.

최성흠, 「티베트 정교합일의 권력구조 분석」, 『중국학연구』 제28집, 2004.

탈렉 캅괸 림포체 지음, 유기천 옮김, 『티베트불교 입문』, 청년사, 2001.

텐진갸쵸 지음, 심재룡 옮김, 『달라이 라마 자서전』, 정신세계사, 2003.

토머스 레어드 지음, 황정연 옮김, 『달라이 라마가 들려주는 티베트 이야기』, 웅진지식하우스, 2008.

툴구 퇸둡 지음, 도솔 옮김, 『평화로운 죽음 기쁜 환생』, 청년사, 2007.

파드마삼바바 지음, 라마 카지 다와삼둡 번역, 에반스 웬츠 편집, 류시화 옮김, 『티베트死者의 書』, 정신세계사, 1995.

허평길, 「중국 소수민족정책의 思想: 中華思想(夷華觀)의 형성과 변화」, 『韓國民族文化』 제10집, 1997.

許輝勳, 『中國少數民族宗教信仰』, 태학사, 1997.

홍병혜, 「티베트 전통의 혼인유형 분석과 군혼문화의 형성배경」, 『중국학연구』 제28집, 2004.

홍성돈, 「중국의 정치변화와 소수민족정책에 관한 연구」, 고려대 정책대학원 석사학위 논문, 2003.

洪熹, 『중국 소수민족의 원시종교』, 동문선, 2004.

후자오량 지음, 김태성 옮김, 『중국의 문화지리를 읽는다』, 휴머니스트, 2005.

2. 중문

甘肃省民族研究所, 甘肃省藏学研究所 编, 『拉卜楞寺与黄氏家族』, 甘肃民族出版社, 1995.

格勒, 『中国藏学研究的几点思考: 纪念导师李有义九十延辰有感』, 中国藏学出版社, 2003.

_____, 『论藏族文化的起源形成与周围民族的关系』, 广州: 中山大学出版社, 1988.

格桑本, 『天葬-藏族丧葬文化』, 甘肃民族出版社, 2000.

耿振華, 『西藏喪葬習俗研究: 西藏生死學的理論與實踐』, 台北: 水星文化事業出版社, 2004.

貢覺嘉錯, 『直貢替寺簡介』, 西藏人民出版社, 2003.

國家測繪局地名研究所 編, 『西藏地名』, 中國藏學出版社, 1995.

吉成, 『西南风物志』, 台北: 业强出版社, 1996.

雷紹鋒, 『喪葬習俗』, 武漢: 湖北教育出版社, 2001.

多杰才旦, 『西藏社會發展研究』, 中國藏學研究中心, 1997.

多吉占堆, 薛文献 编著, 『拉萨布达拉宫』, 广东旅遊出版社, 2001.

達瓦才仁, 「中藏談判的癥結何在?」, 『開放雜誌』 12월호, 1998.

達爾基·李茂, 『阿壩通览』, 四川辭书出版社, 1993.

達爾基·朵讓他, 『阿壩聖迹』, 電子科技大學出版社, 2007.

達倉郎木寺管理委員會, 『達倉郎木寺簡介』, 聚焦西部報社, 2004.

德勒格, 『内蒙古喇嘛教史』, 内蒙古人民出版社, 1997.

鄧銳齡,「關于1652~1653年第五輩達賴喇嘛晋京的兩个問題」,『民族研究』, 1995.

洛桑譯培,『蒙藏民族關係史略』, 天津古籍出版社, 1990.

劉立千,『印度佛敎史』成都: 華西大學華西邊疆研究所, 1946.

劉義堂,『中國邊疆民族史』, 台北: 台灣中華書局, 1969.

陸建松,『魂歸何處: 中國古代喪葬文化』, 成都:四川人民出版社, 1999.

李安宅,『李安宅藏学论文选』, 中国藏学出版社, 1990.

_____,『藏族宗教之实地研究』, 中国藏学出版社, 1989.

李永献,『西藏原始艺术』, 四川: 人民出版社, 1998.

林冠群,「近五十年来台湾的藏族史研究」,『唐代吐蕃历史与文化论集』, 中国藏学出版社, 2007.

_____,「唐代吐蕃史料研究」, 文刊『大陸雜誌』, 70권 제4기, 1985.

_____,『中国边政』, 제80기, 1982.

_____,『蒙藏专题研究丛书』(47), 台北: 蒙藏委员会, 1990.

林恩顯,『邊政通論』, 台灣: 華泰出版社, 1989.

_____,「民族研究教學的回顧與展望」,『政大邊政民族學報』, 제20기, 台北出版社, 1993.

林照真,『最後的達賴喇嘛』, 時報出版社, 2000.

林惠祥,『中國民族史』(上下), 上海書店, 1984.

_____,『中國民族学史』, 上海: 商務印書館, 1939.

曼苛,『西藏神祕的宗教』, 台湾: 文殊出版社, 1998.

帕·克瓦爾耐,『西藏苯教徒的喪葬儀式』, 拉薩: 西藏人民出版社, 1989.

望湖,『藏族原始宗教』, 成都: 四川人民出版社, 1999.

文崇一,「中国民族史研究的检讨与展望」,『中国边疆研究理论与方法』, 台北: 渤海堂, 1992.

白興發,「少數民族傳統文化中的生態意識」,『青海民族學院學報』, 第3期, 2003.

普布觉活佛洛桑楚臣强巴嘉措 著, 熊文彬 譯,『十三世达赖喇嘛传』, 中国藏学出版社, 2006.

普布觉活佛洛桑楚臣强巴嘉措 著,『十三世达赖喇嘛传』, 中国藏学出版社, 2006.

憑智,『藏傳文化: 死亡的藝術』, 大千出版社, 2002.

218

常霞青,『西藏的宗教文化』, 浙江人民出版社, 1988.

索南才让,『西藏密教史』, 中国社会科学出版社, 1999.

徐吉軍,『中國喪葬禮俗』, 杭州: 浙江人民出版社, 1991.

_____,『中國喪葬史』, 南昌: 江西高校出版社, 1998.

石碩,『吐蕃政教关系史』, 成都: 四川人民出版社, 2000.

_____,「清朝前期治藏特点及相關問題」,『西藏研究』, 1996.

雪犁,『中華民俗源流集成, 儀禮喪葬卷』, 蘭州: 甘肅人民出版社, 1994.

宋德胤,『喪葬儀觀』, 北京: 中國青年出版社, 1991.

阿旺洛追扎巴,『覺囊派教法史』, 西藏人民出版社, 1993.

嘎藏加,『吐蕃佛教』, 北京: 宗教文化出版社, 2001.

楊開煌,「達賴喇嘛「西藏問題」國際化之策略分析」, 台北: 蒙藏委員會專提研究叢書, 1999.

_____,『達賴特使訪問大陸之研析』, 台北: 蒙藏現況研究, 2002.

呂思勉,『中國民族学史』, 上海: 世界書局, 1934.

冉光榮,『中國藏傳佛敎寺院』, 民族出版社, 1994.

英德·L·马利克 著,『西藏的历代达赖喇嘛』, 中国藏学出版社, 1991.

芮李符棟,「邊疆歷史」,『蒙藏委員會邊疆叢書第一集』, 1962.

伍昆明,『现代西藏的诞生』, 北京: 中国藏学出版社, 1990.

王璞,『藏族史学思想论纲』, 中国社会科学出版社, 2008.

王森,『西藏佛教发展时略』, 北京: 中国社会科学出版社, 1997.

王柯 著,『民族與國家: 中國多民族統一國家思想的系譜』, 北京: 中國社會科學出版社, 2001.

王建民·张海洋·胡鸿保,『中國民族学史』(上下), 云南教育出版社, 1998.

王吉林,「唐与吐蕃关系中的祿東贊家族」,『漢學研究』第4권 第2기, 漢學研究中心, 1986.

_____,「藏族源流研究」,『西藏研究论文集』, 제3기, 西藏研究委员会, 1990.

_____,『西藏研究论文集』제1집, 台北: 西藏研究委员会, 1988.

_____,『中华民国蒙藏学术会议论文集』, 台北: 中国文化大学蒙藏学术研究中心, 1988.

王吉林, 『唐代南詔与李唐矢系之研究』, 台北: 中国学术著作獎委员会, 1976.

王桐齡, 『中國民族学史』, 北京: 文化學報, 1934.

王明珂, 『羌在漢藏之間: 一個華夏邊緣的歷史人類學研究』, 台北: 聯經出版社, 2003.

王丕震, 『松赞干布』, 秋海棠出版社, 1995.

汪榮祖, 『史家陳寅恪傳』, 台北: 聯經出版事業有限公司, 1984.

王云五, 『卫藏通志』(上下), 上海: 商务印书馆, 1937.

汪幼戒, 『西藏研究会迅』 제15기, 1993.

王鍾翰, 『中國民族学史』, 北京: 中國社會科學出版社, 1994.

王志成, 『宗教的解释』, 成都: 四川人民出版社, 1998.

王尧, 「藏學研究在台灣」, 文刊『西藏研究』 제2기, 1989.

王尧·王启龙, 『中国藏学史(1949년 前)』, 北京: 民族出版社, 2003.

王维芳·杨嘉铭 合著, 『近十年来台湾地区的蒙藏研究(1986~1995)』, 蒙藏专题研究丛书 75, 台北: 蒙藏委员会, 1997.

于乃昌, 『西藏审美文化』, 拉薩: 西藏人民出版社, 1999.

于式玉, 『于式玉藏区考察论文集』, 中国藏学出版社, 1990.

熊坤新, 「天葬起源的探索」, 『西藏研究』 第3期, 西藏社会科学院, 1988.

逸夫, 「唐代南詔与吐蕃」, 文刊『西藏研究』, 台北: 中国边疆历史语文学会, 1960.

任育材, 「唐朝对吐蕃和亲策略之运用」, 文刊『台湾师范大学历史学报』, 1987.

林天蔚, 『隋唐史新论』, 台北: 东华书局, 1980.

張窗, 「西藏喪葬風俗的演變及其原因」, 『西藏研究』 第3期, 西藏社會科學院, 1988.

章嘉·若贝多杰 著, 浦文成, 『七世达赖喇嘛传』, 中国藏学出版社, 2006.

張劍光, 『入土爲安: 圖說古代喪葬文化』, 揚州: 廣陵書社, 2004.

蔣由智, 『中國人種考原』, 上海: 華通書局, 1929.

藏族社会历史调查资料丛刊编辑组 编, 『藏族社会历史调查』(一), 拉萨: 西藏人民出版社, 1985.

藏族简史编写组, 『藏族简史』, 西藏: 西藏人民出版社, 1985.

張駿逸, 「中国历朝主权在西藏的承续及确定-由行政观点看」, 『中国藏学』 제3기, 1992.

張直榮, 『國際關係與西藏問題』, 北京: 世界知识出版社, 1994.

張捷夫, 『喪葬史話』, 北京: 中國大百科全書出版社, 2000.

_____, 『中國喪葬史』, 台北: 文津出版社, 1995.

才让, 『藏传佛教与民俗信仰』, 北京: 民族出版社, 1999.

褚俊杰, 『吐蕃本教喪葬儀軌研究: 敦煌古藏文寫卷P.T.1042解讀』, 蘭州: 甘肅文化出版社, 1999.

赤列曲扎, 『西藏风土志』, 西藏人民出版社, 1982.

田繼周, 「我國民族史研究的幾個問題」, 『文史哲』 제8기, 1981.

_____, 『少数民族与中华文化』, 成都: 四川人民出版社, 1996.

齊濤, 『中國民俗通志, 喪葬志』, 濟南: 山東教育出版社, 2005.

第穆呼图克图·洛桑图丹普麦嘉措 著, 冯智 译, 『第八世达赖传』, 中国藏学出版社, 2006.

措如·次朗 著, 『藏传佛教喝舉派史略』, 宗教文化出版社, 2001.

周炜, 『活佛转世与神祕西藏』, 台湾: 先智出版社, 2001.

周昆田, 「三民主義之邊政建設」, 『邊政公論』 제1권 제1기, 1941.

朱文惠, 『佛教寺院与农村村落的共生关系: 中国西南藏族社区研究』, 台北: 唐山出版社, 2002.

周蘇平, 『中國古代喪葬習俗』, 西安: 陝西人民出版社, 2004.

洲塔, 『論拉卜楞寺的創建及冀六大學院的形聲』, 甘肅民族出版社, 1998.

中國藏學書目續編編輯委員會, 『中國藏學書目續編』(1949~1995), 北京: 外文出版社, 1997.

中国藏学研究中心社会经济研究所 编著, 『西藏家庭四尼汩变迁: 西藏百户家庭调查报告』, 中国藏学出版社, 1996.

中国第一历史档案馆 中国藏学研究中心 合编, 『清初五世达赖喇嘛档案史料选遍』, 中国藏学研究中心, 1998.

曾国庆, 『清代藏史研究』, 西藏: 西藏人民出版社, 1999.

直孔·貢覺嘉措, 『直孔天葬台簡介』, 西藏: 西藏人民出版社, 2004.

_____, 『直孔旅遊手冊』, 西藏人民出版社, 2004.

陳見微, 「試談北方民族的喪葬類型」, 『北方文物』, 第2期, 2003.

陳慶英 主編, 『西藏通史』, 鄭州: 古籍出版社, 2003.

陳連開, 『中國民族学史綱要』, 北京: 中國財政經濟出版社, 1999.

陳燁,「蒙古族的祭祀習俗及其變遷」,『內蒙古社會科學』(漢文版), 第5期, 1994季.

陳寅恪,「彰所知論與蒙古原流」,『陳寅恪論文史學論文選集』, 上海古籍出版社, 1930.

次仁央宗,『1900~1951: 西藏贵族世家』, 中国藏学出版社, 2006.

扎扎 著,『拉卜楞寺活佛世系』, 甘肃民族出版社, 2000.

札奇斯钦,「蒙古与西藏历史上的相互关系和它对中原的影响」, 文刊『政治大学边政研究所年报』第6기, 1975.

札奇斯钦,『蒙古帝国时代对吐藩的经略』, 文刊 政治大学边政研究所年报 제2기, 1971.

_____,『蒙古与西藏历史关系之研究』, 正中书局, 1978.

擦巴贡嘎多吉,『红史』, 西藏: 西藏人民出版社, 1988.

蔡志纯,『活佛转世』, 华文出版社, 2000.

冯智,『雪域丧葬面面观』, 青海人民出版社, 1998.

_____,『八世达赖喇嘛传』, 中国藏学出版社, 2006.

焦治平·陳昌文,「論地理和宗教在藏族喪葬風俗中的作用」,『西藏研究』第3期, 2003.

刘立千 译,『西藏王臣记』, 北京: 民族出版社, 2000.

刘立千,『印藏佛教史』, 北京: 民族出版社, 2000.

祝启源,『中华民国时期中央政府与西藏地方关系』, 中国藏学出版社, 1991.

土观 洛桑却吉尼玛, 刘立千 译,『土观宗派源流』, 西藏人民出版社, 1985.

彭明辉,『历史地理学与近代中国史学』, 东大图书馆, 1995.

彭英全,『西藏宗教概說』, 西藏人民出版社, 1983.

_____,『西藏宗教概况』, 成都: 四川人民出版社, 1996.

何吉芳,「民和土族民俗中的尚火文化淺談」,『青海民族研究』, 第1期, 2000.

夏之乾,『中國少數民族的喪葬』, 北京: 中國華僑出版公司, 1991.

韓琳,『婚慶喪葬禮儀』, 延吉: 延邊人民出版社, 2002.

華子,「評中央政府與達賴喇嘛的談判」,『中國西藏』第一期, 1998.

_____,「復評達賴喇嘛與中央政府的談判問題」,『中國西藏』第1期, 2002.

黃奪生,「清代設置駐藏大臣考」,『邊政公論』第1卷 第2期, 1941.

黑水縣地方志編纂委員會 編,『四川省黑水县志』, 民族出版社, 1991.

_____,『四川省黑水县志』, 民族出版社, 1991.

尕藏才旦,『天葬: 藏族丧葬文化』, 蘭州: 甘肅民族出版社, 2000.

尕藏才旦, 格桑本 编著,『藏族丧葬文化』, 甘肅民族出版社, 2000.

张哲诚,『中國邊政』제104기, 1988.

杨嘉铭,「西藏史地概介: 以一道百年前殿试考题为纲」, 文刊『中国边政』, 제119기, 1993.

杨辉麟,『西藏佛教寺院』, 四川人民出版社, 2003.

_____,『西藏佛教寺庙』, 四川人民出版社, 2003.

毕达克 著, 沈卫荣·宋黎明 译,『西藏的贵族和政府: 1728~1959』, 中国藏学出版社, 2008.

罗开什·阐德拉 编,『桑耶寺史』, 新德里, 1961.

肃之光·祝启源 著,『隋唐民族史』, 中国历代民族丛书, 四川民族出版社, 1996.

萧金松,「台湾的藏学研究概况」, 文刊『西藏研究论文集』제4기, 1993.

_____,「欧阳无畏教授近年所授西藏学课程」, 文刊『西藏研究会迅』제1기, 1986.

诺布旺丹 著,『藏传佛教活佛转世』, 大千出版社, 2002.

谢建华,『甘肃藏族史』, 北京: 民族出版社, 2003.

赵永红,『文化雪域』, 中国藏学出版社, 2006.

释迦仁钦德 著, 汤池安 译,『雅隆尊者教法史』, 西藏人民出版社, 2002.

长生作,『宗教与民族』, 北京: 中国社会科学出版社, 1997.

陈冠陶,『西藏志』, 拉萨: 西藏人民出版社, 1985.

陈又新,『西藏研究論文集』제2기, 1989.

陈中义,『拉卜楞寺与黄氏家族』, 甘肃民族出版社, 1995.

陈华文,『丧葬史』, 上海文艺出版社, 2007.

陈庆英 等 遍著,『历辈达赖喇嘛生平形象历史』, 中国藏学出版社, 2006.

陈庆英 等,『历辈达赖喇嘛生平形象历史』, 中国藏学出版社, 2006.

陈庆英·何宗英,『西藏通史』, 北京: 西藏古籍出版社, 1996.

陈庆英,『汉藏史籍』, 西藏: 西藏人民出版社, 1986.

顾祖成,『明清治藏史要』, 西藏: 西藏人民出版社, 1999.

风破臣,『藏傳佛教的活佛转世』, 台北: 合志文化出版社, 1992.

马世林,『安多政教史』, 北京: 社会科学文献出版社, 1989.

223

3. 영문

Abe, Masao, "Man and Nature in Christianity and Buddhim", in *The Buddha Eye*, ed, Frederick Franck, New York: Crossroad, 1982.

Arbib, Michael A. & Mary B. Hesse, *The Construction of Reality*, London and New York: Cambridge University Press, 1986.

Augustin, *Ethnic Minorities in China: Tradition and Transform*: papers of the 2nd Interdisciplinary Congress Sinology/Ethnology, Edition Herodot im RaderVerlag; 1. Aufl edition, 1987.

Blakemore, C., *The Mechanic Mind*, Cambridge University Press, London, 1976.

Bokar Rinpoche, *Death and the Art of Dying in Tibetan Buddhism*, Clearpoint Pr, 1994.

Britton, Karl, *Philosophy and the Meaning of Life*, Cambridge: Cambridge University Press, 1971.

Carrasco P., *Land and Polity in Tibet*, Sealtle, 1959.

Chagdud Tulku Rinpoche, *Life in Relation to Death, Cottage Grove*, OR: Padma Publishing, 1987.

Chen, *Sinkiang Story*, Scribner, 1977.

Chokyi Nyima Rinpoche, *The Bardo Guidebook*, Kathmandu: Rangjung Yeshe, 1991.

Clark, R. W., "The Evidential Value of Religious Experience", in *International Journal for Philosophy of Religion*, Vol. 16, no. 3, 1984.

Conze, Edward, *Buddhist Thought in India*, University of Michigan Press, 1967.

Corey, G., Corey, M. S. & Callanan, *Issues and Ethics in the Helping Profession*, CA: Brookks / Cole, 1993.

Crick, F., *The Astonishing Hypothesis, The Scientific Search for the Soul*, Macmillian Publishing Co, New York, 1994.

Cupitt, Don, *Taking Leave of God*, New York: Crossroad, 1981.

David L., Boston, *A Cultural History of Snellgrove*, Shambhala, 1986.

David Macdonald, *Twenty years in Tibet*, Philadelphia: J. B. Lippincott Company, 1932.

Davies, Paul, *God and New Physics*, London: Pelican Books 1984.

Dember, William N., *The Psychology of Perception*, New York: Henry Holt, 1960.

Dru C. Gladney, *China's Ethnic Reawakening* (Asia-Pacific issues: analysis from the East-West Center), East-West Center, 1995.

During Simon, *The Cultural Studies Reader*, London Routledge, 1994.

Franz Micheal, *Rule by Incarnation: Tibetan Buddhism and Its Role in Society and State*, Westview Press, 1982.

Gold. P., *Tibetan Reflections*, London: Wisdom Publications, 1984.

Greenfield, S. A., *Journey to the Centers of the Mind: Toward a Science of Consciousness*, W. H. Freeman & Co, New York, 1995.

Hoffmann, H., *Quellen zur Geschichte der tibetischen Bon-Religion*, Mainz, 1950.

James L. Watson, *Death Ritual in Late Imperial and Modern China* (Studies on China, Vol. 8), University of California Press: Reprint edition, 1990.

Jianping Wang, *Concord and Conflict: The Hui Communities of Yunnan Society* (Lund Studies in African and Asian Religions, Vol 11), Coronet Books Inc, 1996.

Kenneth Ring, *Heading Towards Omege: In Search of the Meaning of the Nea: Death Experience*, New York: Quill, 1985.

Ksatenbaum, Robert et al., *Encyclopedia of Death*, Oryx Press, 1989.

Kubler-Ross, *On Death and Dying*, NY: Macmillan, 1969.

Lati Rinbochay & Jeffery Hopkins, *Death Intermediate and Rebirth in Tibetan Buddhism*, Snow Lion Publications, Inc. Ithaca, New York, USA, 1993.

Lodi Gyaltsen, *Seeking Unity Through Equality: The Current Status of Discussions Between His Holiness the Dalai and the Government of the People's Republic of China*, Washington D.C. Brooking Institution, 2006.

M. Goldstein, *A History of Modern Tibet (1913~1951)*, University of California Press, Berkeley Los. Angeles London, 1989.

Mac Gregor, J., *Tibet: A Chronicle of Exploration*, London, 1970.

Michael Loewe, *Chinese Ideas of Life and Death*, Unwin Hyman, 1982.

Muller, F. Max, *Anthropological Religion*, New York: AMS Press, 1975.

Nebesky-Wojkowitz, R., *Oracles and Demons of Tibet*, The Hague, 1956.

Patricia Berger, *Empire of Emptiness: Buddhist Art and Political Authority in Qing China*, University of Hawai'i Press, 2003.

/

Penrose P., *The Emperor New Mind*, Oxford University Press, 1990.

Petech, L., "Tibetan Relation with Sung China and with the Mongols", In: Rossabi, M. (ed), *China among Equals: The Middle Kingdom and Its Neighbors 10th~14th Centuries*, Berkeley, Los Angeles, London, 1983.

Prince Peter of Greece, *The Aristocracy of Central Tibet*, Kalimpong, 1954.

Radlcliffe Brown R., *Structure and Function in Primitive Society*, London, 1952.

Rando, T. A., *Dying and Death*, Illinois: Research Press, 1984.

Raphael Israeli, *Muslims in China: A Study in Cultural Confrontation* (Scandinavian Institute of Asian Studies. Monographs, No. 29), Humanities Pr., 1981.

Rausher, E., *Science and Consciousness, Two Views of the Universe*, Pergamon Press, Oxford, 1984.

Richardson, H. E., *Tibet and its History*, London, 1962.

○○○, *Ancient Historical Edicts at Lhasa*, London, 1953.

Stein, R. A., *Un Document ancien relatif aux rites funeraires des Bon-Po tibetain*, Journal Asiatique, 1970.

Stevan Harrell, *Cultural Encounters on China's Ethnic Frontiers*, University of Washington Press; Reprint edition, 1996.

Tsung Lien Shin and Shen Chi Liu, *Tibet and Tibetans*, New York: Stanford University Press, 1973.

Tucci G., *The Religion of Tibet Berkeley*, California University Press, 1988.

○○○, *Tombs of the Tibetan Kings*, Rome, 1950.

Wallace R. Hagaman, *A Short History of the Chinese Cemetery at Nevada City*, California: And Chinese burial customs during the Gold Rush, Cowboy Press, 1982.

Wessels, C., *Early Jesuit Travellers in Central Asia 1603~1721*, The Hague, 1980.

Worden, J. W., *Grief Counseling and Grief Therapy*, NY: Springer, 1991.

1 티베트의 동쪽 지역이다. 중화민국(1939~1949)시기에는 서캉성(西康省)으로 불리었다가 중화인민공화국이 들어서자, 군사적으로 점령되어 서강장족자치구(西康省藏族自治区)으로 바뀌었고, 1955년에 쓰촨성으로 흡수되었다. 이 지역은 50개 주로 이루어져 있었으며 현재 쓰촨성(16주), 윈난성(3주), 칭하이성(6주), 티베트 자치구(25주)로 나뉘어 있다. 체링 샤키아(Tsering Shakya), The Dragon in the Land of Snows, A History of Modern Tibet Since 1947, London 1999.

2 제레미 블랙 (지은이), 한정석 (옮긴이), 〈전쟁은 왜 일어나는가〉, 이가서, 2003.

3 존 G. 스토신저 (지은이), 임윤갑 (옮긴이), 〈전쟁의 탄생: 누가 국가를 전쟁으로 이끄는가〉, 플래닛 미디어, 2009.

4 서영교, 〈고대 동아시아 세계대전 - 유라시아 지정학을 결정지은 위대한 전쟁〉, 글항아리, 2021. 670년 당(唐)고종(高宗)은 설인귀(薛仁貴)를 나살도행군총관(邏薩道行軍總管)으로 임명하고, 토번을 공격하게 했다. 토번의 장군 가르친링은 토번군을 이끌고 청해호수(靑海湖) 남쪽의 대비천(大非川)에서 맞서 싸워 당군을 궤멸시키고, 설인귀 등 주요 장수들을 사로잡았다. 대비천에서의 패배로 당나라 위상은 실추되었고, 가르친링은 여세를 몰아 670년에 당나라가 장악하고 있는 서역을 공격했다. 그 결과 당나라 안서도호부(安西都護府)에 속한 중요한 4개 도시인 안서사진(安西四鎭), 즉 카라샤르(焉耆), 쿠차(龜玆), 호탄(于闐), 카슈가르(疏勒)등의 주요 도시들이 토번의 영토가 되었다. 국경의 완충지대였던 당의 속국 토육혼도 사실상 멸망되었다.

5 캄은 중국 북서쪽에서 남동쪽으로 이어지는 산등성이와 협곡이 특징인 험준한 지형을 가지고 있으며, 메콩강, 양쯔강, 얄롱창포강, 살원강을 포함한 강들이 이곳을 통해 흐른다.

6 이 지역을 근거로 살아가는 티베트인들을 캄족(康族)이라 하는데 그들은 사격술과 기마술에 유능하고 라싸의 티베트인들과는 외모와 언어에 있어서 차이를 가지고 있으며 평균 키가 180cm이고 전투적인 것으로 알려져 있다.

7 오늘날 천장공로(川藏公路)라고 불리는 루트다. 이 길은 성도(成都)를 시작으로 야안(雅安), 캉띵(康定)을 거쳐, 신도교(新都橋)에서 남북으로 두 갈래로 나뉘는데 천장북로(川藏北路)는 깐즈(甘孜), 더꺼(德格)를 지나 티베트의 참도(昌都), 시가체(日喀則), 낙추(那曲)를 통해 라싸(拉薩)에 도달한다. 총 거리가 2,412km이고 최고 높은 지점은 해발 4,916m의 작아산(雀兒山)이다. 윈난 루트는 천장남로(川藏南路)라 불리는데 리탕(理塘), 빠탕(巴塘)을 지나 마캄(芒康), 팍쇼(八宿), 포메(波密), 닝트리(林芝)로 진입하여 라싸(拉薩)로 들어간다. 총 거리는 2,149km이다. 해발 4,700m의 리탕(理塘)지구를 지나서 남북 공로 중간에 참도(昌都)에서 방달(邦達)로 가는 길이 서로 이어져 있다.

/

227

8 四川省文史硏究館編, 〈四川軍閥史料〉(3), 四川人民出版社, 1982.

9 13대 달라이 라마는 라싸 동남쪽 다부(達布)지방 한 농가에서 태어났고, 1878년 6월 13일 12대 달라이 라마의 환생자로 인정되어 들어갔다. 그는 티베트의 가장 격동기라 할 수 있는 시기에 개혁 군주로 청나라 군대를 내쫓고 1913년 2월 독립을 선언하기도 했다. 당시 러시아와 영국, 중국의 이해다툼 속에서 외교 및 안보를 강화하고, 법률과 조세법 제정, 경찰과 군대양성 등 티베트를 근대적으로 개혁하고자 노력했다. 서구의 의원내각제를 흉내 내서 만든 민회를 기반으로 대신을 선출하는 체제를 확립하고 우표나 지폐의 발행 및 서양식 병원의 설치 등을 실시했다. 또 오늘날 널리 사용되고 있는 티베트 설산사자기(雪山獅子旗)를 만들었다. 전기와 전화, 자동차에 관심을 가지기도 했다.

10 〈장회편〉 6, 〈藏案 교섭 경과 상황〉, 2412쪽.

11 〈蒙藏委員會關于英帝國主義侵略西藏之政策及1905~1915年資料之一〉 제6장 제1절.

12 〈장회편〉 6, 〈藏案 교섭 경과 상황〉, 2411쪽.

13 泰和平, 〈1912年民國政府籌治西藏措施述評〉, 中國藏學, 1993~4, 119쪽.

14 楊洪常, 〈西康巧政沿革〉, 中國地理(月刊), 中國人民大學書報資料中心, 1988~2, 120쪽.

15 次央, 〈淺談 13대 달라이 라마의 新政措施〉, 西藏硏究(季刊), 西藏祉會科學院, 1986.

16 謝本書, 〈討袁名將蔡鍔〉, 蘭州大學出版社, 1997. 참조.

17 楊公素, 〈中國反對外國侵略千涉西藏地方 爭史〉, 中國藏學出版社, 1992, 8쪽.

18 M.C. Goldstein, 〈티베트 현대사 1913~1951〉, 2005, 86~88쪽.

19 위의 책, 94쪽.

20 박장배, 〈淸末 民國時代 中國의 변경 지배와 동부 티베트(Khams) - 西康省 창건 과정 (1903-1939) 중심으로〉, 2000, 서강대학교 대학원 사학과 동양사전공, 박사학위 논문.

21 M.C. Goldstein 책, 228쪽.

22 카를 마르크스, 프리드리히 엥겔스 (지은이), 이진우 (옮긴이), 〈공산당 선언〉, 책세상, 2018.

23 吳從衆 編, 〈西藏封建農奴制硏究論文選〉, 中國藏學出版社 1991, 1~27쪽.

24 인터뷰 내용의 전문과 실명을 원하지 않아 간략하게 적는다.

25 실명과 사진을 원하지 않아 공개하지 않는다.

26 James Hilton (저), 이경식 옮김, 〈잃어버린 지평선〉, 문예출판사, 2004.

27 아래의 이야기는 〈문명의 위기를 넘어〉, (학지사, 2022)에서 필자의 글을 인용한 것이다.

28 킬마녹 아카데미는 스코틀랜드의 킬마녹 (Kilmarnock)에 위치한 주정부 공립 중

/

228

등학교로, 현재 뉴 팜 로크(New Farm Loch)지역의 서덜랜드 드라이브(Sutherland Drive)에 위치하고 있다. 위키피디아 참조.

29 Brenda McLean, George Forrest: Plant Hunter, Antique Collectors' Club, 2004, p.16.

30 앞의 책, p.18.

31 양귀비과(Papaveraceae)인 메크노푸시스(Meconopsis)와 로도덴드론(Rhododendron)은 일찍이 영국왕실지질협회 학자들에 의해 부탄, 히말라야 등지에서 발견되었다. 이 식물들은 고산식물 중에서 제일 아름다운 꽃으로 분류된다. 메크노푸시스는 종류에 따라서 해발 3,500~5,300의 고산 암석지대, 빙하의 아래에서 자란다. 키는 저지대에서 40~60센티이고, 5,000미터 이상의 환경에서 발견된다. 꽃의 색깔은 청색, 홍색, 황색, 연분홍색, 자홍색 등이 있으며, 종류는 20종에 이른다. 티베트에서는 이 식물을 약재로 사용한다. 이에 비해 로도덴드론은 5~6월에 강렬한 주홍색 또는 진홍색 종 모양 꽃이 조밀하게 핀다. 성장 속도가 느린 상록 관목이며, 잎은 짙은 녹색이고 뒷면은 두껍고 부드러운 갈색 털로 덮여 있다. 중국 윈난 서쪽 티베트 남동부에 분포한다. 3,400~4,000미터 높이의 초지와 관목 숲에서 60~150센티미터 높이로 자란다. 한국의 박철암은 1995년 6월 중국 서부 구게왕국(古格王国)으로 가는 길에서 잎이 붉은 색인 희귀식물을 발견했다고 기록했다. 향기는 은은하고 신선초 같은 모습이었다고 했다. 이 식물은 해발 4,400미터에서 발견되었으며 특징은 키가 2미터 30센티 정도 이고, 꽃 지름은 30센티, 꽃의 색깔은 노란색이라고 했다. 박철암, THE ROOF OF THE WORLD-Tibet Flowers, People and Things 2nd Edition, 경희대학교출판, 2015, 6~7쪽

32 Brenda McLean 책, pp. 27~28.

33 Toby Musgrave의 책, 243~244쪽.

34 Forrest, G, Field Notes of Tress, Shrubs and Plants other than Rhododendron, Collected in Western China by Mr George Forrest 1917-1919, Royal Horticultural Society, (London, 1929), pp.151~152.

35 Brenda McLean의 책, p.66.

36 Forrest, G, Field Notes of Tress, Shrubs and Plants other than Rhododendron, Collected in Western China by Mr George Forrest 1917-1919, Royal Horticultural Society, (London. 1929), pp.236~237.

37 Toby Musgrave의 책, 246~247쪽.

38 Lyte, C. The Plant Hunters. Orbis Publishing, London 1983.

39 Philip S. Short. In pursuit of plants: experiences of nineteenth & early twentieth century plant collectors (illustrated ed.). Timber Press, 2004, p. 108. National Geographic Society, The National geographic magazine, Volume 50. National Geographic Society, 1927, p. 167. Retrieved 28 June 2011. "A Desperate Escape

- George Forrest on the run in China, July 1905". RBGE Personal & Project Stories. Royal Botanic Gardens Edinburgh. 26 August 2019. Retrieved 30 April 2020.

40 예를 들면, Primula bulleyana (1906), Primula vialii(1906), Gentiana sino-ornata(1910), Rhododendron haematodes(1911), Rhododendron sinogrande(1913), Rhododendron griersonianum(1917), Camellia reticulata(1924), Camellia saluensis(1924), Magnolia campbellii ssp. mollicomata(1924)

41 신상철, 〈18세기 예수회 선교사를 통한 중국과 프랑스 간의 미술 교류 역사: 프랑스 시누아즈리 미술의 지적 기반과 보배 공방의 중국 연작〉, 한국미술사교육학회, 2016, vol. 32, 28쪽.

42 메리 도리아 러셀, 정대단 옮김, 〈스패로〉, 황금가지 2022, 9쪽.

43 김상근, 〈동서문화의 교류와 예수회 선교역사〉, 한들출판사, 2006. 최병욱, 중국에서의 프랑스 보교권(保敎權)의 기원과 성립-청초(淸初) 프랑스 예수회 선교사의 중국파견에서 청불(淸佛)〈북경조약(北京條約)〉의 체결까지, 명청사연구 2004, 22, 235~270.

44 張駿逸, 〈Ippolito Desideri 旅藏情勢及其在西藏的傳教論評〉, 輔仁歷史學報, 1996 Vol. 22, pp. 130~132.

45 현지인들은 Lhata- Yul이라 했다.

46 동행한 신부 마리아 델 로소는 라싸의 기후와 음식에 적응하지 못해 한 달 뒤, 4월 16일 하산했다.

47 張駿逸, The Custom Changes of the Tibetans After the Mid-Qing Dynasty-A Discussion Based on Father Regis-Evariste Huc's Travel Notes to Tibet, 輔仁歷史學報 2011, pp. 29~50.

48 당시 티베트의 왕 라짱칸이 데시데리의 선교활동을 전면 허락하고 지지해준 이유는 개인적인 차원을 넘어서 다른 근원적인 이유가 있었던 것으로 보인다. 당시 라짱칸은 청조와의 관계와 도움이 중요했다. 이유는 자신이 비록 티베트의 세속 통치자이지만 당시 황교의 세력과 도전이 막강해지면서 통치의 지위와 권위의 위험성을 감지했기 때문이다. 이것은 당시 외부 세력이 몽골 준거얼의 침입을 대비하는 차원보다 더 절박했다. 이런 내외적 상황 속에서 라짱칸은 데시데리의 티베트 진입과 천주교 선교활동을 받아들이지 않을 수 없었다.

49 宝音特古斯, 〈拉藏汗封号小考〉, 西藏研究 2期, 2014, pp. 24~26.

50 西藏研究編輯部編, 〈清實錄藏族史料〉, 第一册, 西藏人民出版社, 1982.

51 G. Gispert-Sanch S. J, Desideri and Tibet, The Tibetan Journal, No. 2. Summer. 1990.

52 1717년 3월부터 7월 말까지 거주했는데 이때 주로 티베트 밀교 경전인 단주얼(丹珠爾)을 학습한 것으로 전한다.

53 平措次仁 외, 〈西藏通史-松石寶串〉, 西藏古籍出版社, 1996. pp. 32-36. 호쇼트(和碩特)의 수장 구시 칸(固始汗)은 티베트 황교(格魯派)의 요청으로 1642년 군대를 이끌고 티베트에 진입했다. 그리고 당시 티베트의 왕 짱바칸(藏巴汗)의 통치권을 몰수했는데 이로부터 티베트는 구시 칸의 후예가 75년간 통치하게 된다. 그러다 1717년 준거얼(准噶尔)의 침입으로 마침내 호쇼트의 지배는 끝을 맺고 티베트는 새로운 역사의 시대로 접어들게 된다.

54 伍昆明, p. 580.

55 데시데리는 전쟁의 상황 속에서도 몸은 무사했고 집필 중인 저서 또한 훼손되지 않았다. 하지만 나무 밑에 숨겨 두었던 돈은 강탈당한 것으로 전해진다. 그는 라싸에서 1721년 4월까지 살았다.

56 伍昆明, pp. 564-565.

57 티베트 전통사회는 외부의 영향을 거의 받지 않은 것으로 알려졌지만 18세기 초반에 여행자들이 남긴 기록을 보면 타타르인, 중국인, 러시아인, 아르메니아인, 카슈미르인, 네팔인 등 다양한 나라의 상인들이 라싸에 가서 무역했던 사실을 엿 볼 수 있다. 朱少逸, 〈拉薩見聞紀〉, 北京: 全國圖書館文獻縮微複製中心. 1991.

58 G. Gispert-Sanch S. J, Desideri and Tibet, The Tibetan Journal, No. 2. Summer, 1990.

59 張駿逸, pp. 136~138.

60 伍昆明, p. 587.

61 윤준, 이현숙(譯), 〈티베트 원정기〉, 학고재, 2006. Hedin, S.,A, Conquest of Tibet, E.P. Dutton, New York, 1934.

62 여자 형제 중 한 명만 결혼하고, 나머지는 함께 살면서 헤딘의 가장 가까운 가족으로 지냈으며 나중에는 헤딘의 비서 역할까지 하며 도왔다. 헤딘은 훗날 책과 기사의 집필, 강의에 따른 부수입을 그의 가족에게 모두 주었다. 하칸 발퀴스트, 〈스벤 헤딘과 그의 티베트 탐험, 차마고도의 삶과 예술〉, 국립중앙박물관, 2009, 211쪽.

63 Hedin, S.,My Life as an Explorer, Oxford University Press, Oxford, 1991.

64 김순배의 논문, 707~708쪽.

65 혜초는 천축에 들어갔다가 중앙아시아를 거처 돌아오는 길에 총령을 넘어 소륵(카시가르)에 도착해 다음과 같은 기록을 남겼다. 다시 총령에서 걸어서 한 달을 가면 소륵에 이른다. 외국에서는 가사기리국이라 부른다. 이곳 역시 중국 군사들이 주둔하고 있다. 절이 있고, 승려도 있으며 소승법이 행해진다. 고기와 파, 부추 등을 먹으며 토착민들은 모직을 입는다. 연호탁, 〈중앙아시아 인문학 기행〉, 글항아리, 2016, 173쪽.

66 윤준, 이현숙의 책, 2006.

67 하칸 발퀴스트의 책 211~213쪽.

68 여기에 관해서는 조선비즈, 신실크로드 열전, 최초로 실크로드 조사한 러시아 탐험가 니콜라이 M. 프르제발스키 편을 참조.

69 Sven Hedin, John Hare, The Wandering Lake: Into the Heart of Asia National Geographic Society - February 2, 2010.

70 Sven Anders Hedin, My Life As an Explorer, 2010.

71 앞의 책, 45~46쪽.

72 Hedin, Sven, Central Asia and Tibet, Franklin Classics Trade Press 2018. Central Asia and Tibet, Vol. 2: Towards the Holy City of Lassa, Forgotten Books, 2015.

73 S ven Hedin, Philip Turner, Alfild Huebsch, My Life as an Explorer The Great Adventurers Classic Memoir, Kodansha Globe, 1996.

74 하칸 발퀴스트의 책, 211~213쪽. 3차 탐험은 그렇게 끝났지만 성공적인 부분도 있었다. 바로 얄룽창포와 인더스강의 발원지라고 생각했던 곳을 밝혀낸 것이다. 이 작업으로 헤딘은 티베트고원에서 계속되는 건조 현상에 관한 연구에도 진척을 볼 수 있게 되었다.

75 王玉平, 〈从封建地租形式的演变看西藏的社会发展〉, 西藏研究 特刊, 总第 30期, 中國藏學研究中心, 1989, 32~33쪽.

76 티베트에서는 망자의 장례 형태와 방식을 통해 경제적, 사회적 신분을 가늠할 수 있다.

77 티베트 최초의 귀족은 대략 기원전 4세기에 티베트 최초의 법왕 네치짠포(聶赤贊普)시대에 출현된 것으로 파악된다. 티베트의 역사에 따르면 그가 인간 세계에 강림하여 토번(吐蕃)의 왕이 되었고, 이때부터 토번에는 처음으로 군신(君臣)의 구분이 생긴 것으로 유추된다. 劉忠, 〈論淸代領主等級制度的形成〉, 中國藏學 제4기, 中國藏學研究中心, 1990, 24쪽.

78 활불(活佛)은 티베트어로 朱古(sprul-sku)라 칭한다. 周炜, 〈活佛转世与神秘西藏〉, 台湾: 先智出版社, 2001.

79 Anna Louise Strong, Tibetan Interviews, Peking : New World Press, 1959, p. 209. When Serfs Stood up in Tibet, New World Press, Peiking, 1959 참조. 그녀는 1920년대 후반에 중국과 아시아를 여행하고 〈중국의 수백만〉(1928)과 〈사마르칸트의 붉은 별〉(1929)과 같은 책을 썼다.

80 고대 티베트의 귀족집단은 대략 200여개의 성씨를 가진 가정으로 구성되어 있었다. 한 가정당 평균 6명의 호구로 계산할 때 전체적으로 1,200명의 귀족집단은 기본적으로 티베트 최고의 관료가 될 수 있는 자격이 있는 것이다. 이는 일반 평민으로 살아가는 티베트인들과는 매우 대조적인 생존 환경이었다. 귀족집단이 일반 평민과

다른 가장 큰 차이점은 대량의 장원(莊園)을 소유하고 있다는 점이다. 그러나 귀족
도 토지의 소유와 농노의 보유량에 따라 등급이 나뉜다. 등급의 구분은 재산의 보유
정도, 지위, 그리고 혈통 등과 같이 세세한 부분까지 영향을 미친다. 귀족이 보유하
고 있는 장원은 영지(領地)와 분지(份地)로 나뉠 수 있는데 전자는 영주가 직접 관리
하는 것이고 후자는 농노가 관리하는 것이다. Luciano Petech(著), 沈卫荣, 宋黎明(
译), 邓锐龄(校), 〈1728-1959:西藏的贵族和政府〉, 北京: 中國藏學出版社, 2008; 次仁
央宗, 〈西藏贵族世家:1900-1951〉, 北京: 中国藏学出版社 2006.

81 미찰은 티베트어로 '강하고 용맹한 사람'의 뜻이다. 티베트에서는 일반적으로 귀족
을 고찰(古扎)이라고도 하며 미찰(米扎)이라고도 한다. 지역에 따라서는 이 두 개의
용어를 혼합해서 쓰는 경우도 있다. 그런데 엄격하게 구분하자면 같은 귀족이라도
고찰'과 미찰은 미묘한 차이가 있다. 요컨대 고찰은 일반적인 귀족가정을 말하고 미
찰은 지방정부에서 직위를 차지하고 있는 귀족가정을 말한다.

82 건륭 58년(1793년), 청 중앙정부는 29개 항목에 해당하는 〈钦定章程〉을 만들어 티
베트 사회를 완전히 장악하고 주권을 행사하려 하였다. 이는 티베트 지방정부의 정
치와 종교의 영향력을 견제하고 지방 귀족 세력의 확장을 축소하려는 목적으로 만
들어진 20조의 규정이었는데 당시 황금귀족에 대한 정치참여를 제한하는 규정이다.
즉 달라이 라마나 판첸 라마의 직계가족과 그 친인척은 정사에 참여 할 수 없다는 규
정을 담고 있다. 따라서 아계가정으로 대표되는 달라이 라마의 직계가족은 거기에
상응하는 귀족계층으로서의 각종 경제적 특혜와 신분적 지위를 보장받았으나 정치
적으로는 그 어떤 활동도 금지되어 있었다.

83 오늘날까지 학계에 알려진 대표적인 5가(家)의 제본 귀족들은 다음과 같다. (1) 噶锡
(dGav-bzhi) (2) 吞(Thon) (3)朵喀(mDo-mkhar) (4) 帕拉(pha-lha) (5) 拉嘉日(Lha-
rgya-ri) 귀족 등이다. 次仁宗央, 〈西藏贵族世家:1900-1951〉, 北京: 中国藏学出版社,
2006, p.61.

84 지방정부는 명확하게 두 부분으로 구성되어 있다. 하나는 세속귀족으로 구성된 속
관(俗官)이고 다른 하나는 티베트 겔룩파의 승려들로 구성된 승관(僧官)이다. 속관
은 일률적으로 귀족의 자제들로 구성된다.

85 次仁宗央, 〈西藏贵族世家:1900-1951〉, 北京: 中国藏学出版社, 2006.

86 华达克 著, 沈卫荣 译, 〈西藏的贵族和政府：1728-1959〉, 北京: 中国藏学出版社,
2008, 18쪽.

87 刘忠, 试论西藏领主庄园的主要形态及其特点, 〈西藏封建农奴制研究论文选〉, 北京:
中国藏学出版社, 1991), 139쪽.

88 Pedro Carrasco 箸, 陳永國 譯, 周秋有(校), 〈西藏的土地與政體〉, 拉薩出版社, 1985.

89 克는 티베트의 용적 단위다. 斗에 해당 되며 일반적으로 1克는 14公斤으로 계산한

다. 1克에서 경작되는 농작물을 1克地라 하며 1市亩로 기재한다. 여기에서 말하는 亩는 중국식 토지 면적의 단위이다. 10市分을 1市亩로 하고 100市亩를 1顷으로 한다. 1市亩는 약 666.7제곱미터로 계산한다.

90 张江华, 试论西藏封建农奴制度的基本类型, 〈民族研究〉第6期, 北京: 中央民族大學, 1989, 123쪽.

91 Luciano Petech 著, 沈卫荣, 宋黎明 译, 〈西藏的贵族和政府(1728-1959)〉, 北京: 中國藏學出版社, 2008), 63~64쪽. 이 귀족은 19세기까지 르커저(日喀則), 바이랑(白朗), 쨩즈(江孜), 캉마(康瑪), 취수이(曲水), 라싸(拉薩), 징지에(璟結)등에서 방대한 장원과 농노를 소유한 것으로 밝혀졌다. 경제적 자산이 풍부했던 이 귀족 가문은 양이나여우, 표범 등과 같은 고가의 동물 껍질로 만든 옷을 입었다. 양주인 위스키와 음향기기 또한 소유하고 있었던 것으로 전해진다.

92 多杰才旦, 〈西藏社會發展研究〉, 中國藏學研究中心, 1997, 345~352쪽.

93 Pedro Carrasco, 〈農奴與其變化:對傳統西藏社會中人役稅制度的考察〉, 亞州研究學報 第三期, 30卷, 1971, 521~534쪽.

94 中國藏學研究中心社會經濟研究所編, 〈西藏家庭四十年變遷〉, 中國藏學出版社, 1996, 140쪽.

95 周炜, 〈活佛转世与神秘西藏〉, 台湾先智, 2001, 473~475쪽.

96 2004년 7월 24일.

97 파드마삼바바 지음, 라마 카지 다와삼둡 번역, 에반스 웬츠 편집, 류시화 옮김, 〈티베트 사자의 서〉, 정신세계사, 1995 참조.

98 동양철학과 불교에서는 마음이 몸은 세상 모든 것들과 서로 연관되어 있다고 인식한다. 이와 관련하여 대니얼 골먼 편, 김선희 옮김, 〈마음이란 무엇인가: 현대 신경과학과 동양 불교사상의 만남〉, 씨앗을 뿌리는 사람, 2006. 저서에서는 '마음과 생명학회'에 소속되어 있는 세계적인 석학들의 1990년 대담 내용을 담고 있다. 달라이 라마와 EQ의 제창자인 심리학자 대니얼 골먼(Daniel Goleman)을 비롯한 신경과학·생리학·행동의학·심리학·철학 분야의 저명한 서양 학자들이 정신과 신체, 감정과 건강의 상호연관성에 대해 집중적인 토론을 벌인 것이다.

99 诺布旺丹, 〈活佛转世思考述〉, 藏族哲学思想史论集, 民族出版社, 1991, 67쪽. 나티바라츠(Nati Baratz)의 다큐 〈환생을 찾아서〉(Unmistaken Child, 2008)의 첫 장면은 활불의 화장과 잿더미 속에서 발견된 발자국을 가늠하여 환생자를 찾아 떠나는 장면이 나온다.

100 이러한 전통은 티베트 원시종교인 본교(苯教)에서 영향을 받은 것으로 보인다. 티베트의 본교는 주로 하늘, 땅, 눈 덮인 산(雪山), 강과 같은 자연물을 숭배한다. 하늘은 삼계(三界)중에 천상의 세계로 신(神)과 영혼이 존재하는 곳으로 인식하고 해

와 달, 별들은 광명의 신으로 받들어진다. 티베트는 눈사태나 진흙과 바위 등이 굴러내려 재난이 발생하는 경우가 많았다. 불규칙한 재난의 공포 속에서 티베트인들은 변함없는 설산을 숭배했고 호수는 정령이 숨은 곳이라고 생각했다. 라모이 라초(Lhamoi Lhatso)호수가 바로 그런 곳이었다. 그래서인지 고대 티베트의 법왕들은 나랏일에 중대한 결정을 하기 전에 먼저 무사(巫師)를 이 호수에 보내어 성영(聖影)을 보고 길흉을 점쳤다고 한다. 常霞青, 〈西藏的宗教文化〉, 浙江人民出版社, 1988, 43쪽.

101 赵永红, 〈文化雪域〉, 中国藏学出版社, 2006, 442~445.

102 Gelder and Gelder, The Timely Rain, 175~176; and Strong, Tibetan Interviews, 25~26.

103 A. Tom Grunfeld, The Making of Modern Tibet rev. ed. Armonk, N.Y. and London: 1996, 7-33 for a general discussion of feudal Tibet; see also Felix Greene, A Curtain of Ignorance, Garden City, N.Y.: Doubleday, 1961, 241-249, Goldstein, A History of Modern Tibet 1913-1951, 3-5; and Lopez, Prisoners of Shangri-La, passim.

104 마이클 파렌티 외/최윤근 옮김, 〈조작된 신화 - 티베트와 달라이 라마〉, 노동자의 책 참조.

105 앞의 책 참조.

106 골드스타인(Goldstein) 교수의 연구 성과인 〈Taxation and the Structure of a Tibetan Village〉에 따르면 귀족의 경제 수준과 세습의 과정을 구체적으로 알 수 있다. 그의 견해에 따르면 '莊園'(pha-gzhis)을 기초로 하는 티베트의 귀족 가정은 유럽의 그것과는 다른 특성을 가지고 있다는 것이다. 그 주요한 특징으로는 경제적 부와 권력을 상속하게 하기 위해서 데릴사위제도, 즉 '玛巴'제도를 습속으로 정해놓았다는 점이다. 아들이 없어 대가 끊긴 귀족 가문은 사위를 집안으로 들인다. 그리고 부인의 姓을 따르게 한다. 이는 가문을 세습하고 유지하는 중요한 수단이었다. 당시 그들에게 중요한 건 가문의 세습을 위하여 토지장원을 확보하고 유지하는 것이지 순수한 혈통만을 고집하는 것이 아니었다는 점이다. 특히나 이 점에 있어서는 아계 가문이 제본 가문보다 자유로웠다. 즉 티베트의 귀족 가문은 가업 계승이라는 중요한 목표를 위해서 가족 내부에서는 굳이 혈친 전승을 엄격히 적용하지 않았다는 것이다. 단지 가족 내에 관료 출신의 남성이 있는지 없는지의 여부를 중시하였기 때문에 남성은 직접적으로 귀족가문의 발전과 쇠락에 영향을 미쳤다. 따라서 가문 전승이라는 유일한 목적을 위하여 계층 사이의 성원 유입이 상당히 탄력적으로 운영되었다. 따라서 가문의 권력과 경제력을 구비하기 위해 이혼과 재혼은 물론 여러 배우자를 일시에 보유하는 현상이 보편화되어 있었다. 이와 같은 가정 구성의 방식에 부합하여 '제본 가정'에서는 일처다부의 혼인 형태가 존재하게 되었다. 티베트

유목사회가 경제적인 목적을 위하여 일처다부제를 선택하였다면 귀족 가정에서는 정치적인 권력과 경제의 실권을 모두 장악하기 위해서 일처다부제를 운영하였다.

107 P. Carrasco, Land and Polity in Tibet, Sealtle, 1959, pp. 207~208.

108 Pedro Carrasco, 〈티베트의 토지와 정치체계〉, 워싱턴대학, 1959, 86쪽.

109 학자에 따라서는 요서(堯西, yab gzhis)가문이라고 부르기도 한다.

110 M. C. Goldstein(梅文. C. 高尔德史泰恩)著, 陈乃文译, 〈西藏庄园的周转: 活佛转世制度下的土地与政治〉, 西藏封建农奴制研究论文选, 1991, 549~563쪽.

111 골드스타인(M. C. Goldstein) 교수는 자신의 또 다른 연구 성과인 "Serfdom and Nobility: An Examination of the Institution of 'Human Lease' in Traditional Tibetan Society", 〈亚洲研究杂志〉, J. As. St, 제30권 1971, 521~534쪽에서 그 예를 제시하고 있다.

112 陈乃文译의 논문, 1991, 550~554쪽.

113 1907년 이전까지 티베트 정부의 세속 부분은 噶廈(bkav-shag)라는 의사결정기구가 최고의 지위에 있었다. 당시 噶廈는 噶倫夏朗杰(bkav-bion shag Lhan-rgyas)라고 불렀다. 噶廈는 원래 라싸 대조사 부근의 출입문의 명칭이었다. 그런데 훗날 티베트 사회에서 噶廈라는 관청은 귀족세력들의 본영지가 되었다. 噶廈는 달라이 라마와 직접적으로 접촉할 수 있는 세속적 권력기관이다. 이 기관의 결정은 티베트의 모든 것을 좌우할 만큼 결정적 역할을 하였다. 噶廈는 시기적으로 1792~1793년 청조가 추진한 티베트 행정 개혁의 일환인 주장대신(駐藏大臣)의 파견으로 간섭과 제약을 받았으나 티베트의 실질적인 행정 방면에서는 역시나 최고의 권력 기구로 군림했다.

114 당시 티베트 군사령관 또한 4천 평방km의 땅과 3천 5백 명의 농노를 거느리고 있었다. Melvyn C. Goldstein의 Taxation and the Structure of a Tibetan Village , Central Asiatic Journal, 1971.

115 중국 청해옥수장족자치주(青海玉树藏族自治州) 칭다현(称多县) 니종산 언덕에 있다.

116 蔡志纯, 〈活佛转世〉, 华文出版社, 1999, 88~92쪽.

117 시험과목은 티베트불교의 기본 경전인 『量釋論』, 『現觀莊嚴論』, 『入中論』, 『戒律本論』, 『俱舍論』 등이다. 시험에 통과되어도 학위는 성적에 따라 4등급으로 분류된다. ① 拉然巴, ② 磋然巴, ③ 阿林金巴, ④ 多然巴 등이다. 이상의 4등급 중 1등과 2등은 라싸의 3대 사원에서 학위가 수여되며 그곳에서 거주할 수 있다. 3등과 4등은 라싸 이외의 지역, 예컨대 청해나 감숙 지역의 대형 사원으로 파견된다. 그곳에서 거주하며 어린 라마승들의 스승으로 살게 되는 경우가 대부분이다. 周炜, 〈活佛转世与神秘西藏〉, 台湾: 先智, 2001, 457~458쪽.

118 최성흠, 〈티베트 정교합일의 권력구조 분석〉, 중국학연구, 제28집, 2004, 24쪽.

119 〈라마승의 숙소〉라는 의미를 가지고 있다.

120 扎仓은 4명의 堪仲(mkhan-drung)으로 구성되며 그 지위는 噶夏(지방정부)의 대우 와 비슷하다. 扎仓의 최고 수장은 堪仲牵哇(mkhan-drung che ba)라고 하며 일반 적으로 간략하게 堪欽(mkhan-che)라고 호칭한다.

121 德勒格, 〈內蒙古喇嘛敎史〉, 內蒙古人民出版社, 1997, 225쪽.

122 전체적인 명칭은 噶廈朗杰(bkav-shag lhan-rgyas)이다. 대신들의 의사결정기구이다.

123 저빵(哲邦)사원은 임기가 6년이고 써라(色拉)사원과 간덴(甘丹)사원은 7년이다.

124 翁則라고도 한다.

125 청대 광서(光緖)년간 몽골 喀尔喀지역의 哲布尊丹巴활불은 자신 소유의 가축이 15 만 두(斗)가량 되었다. 德勒格, 〈內蒙古喇嘛敎史〉, 內蒙古人民出版社, 1997, 275쪽.

126 티베트의 토지면적 단위. 1克은 곡식 종자 1克을 뿌릴 수 있는 넓이로, 약 1무(畝) 혹은 1/6에이커(acre)에 해당한다.

127 蔡志纯, 〈活佛转世〉, 华文出版社, 2000, 120~125쪽.

128 德勒格의 책, 1997, 259쪽

129 김한규의 책, 2003, 138쪽 재인용.

130 섭정은 티베트어로 甲擦이라고 하는데 대리불왕(代理佛王)이란 뜻이다.

131 霞扎는 티베트 지방정부(噶廈)의 대신(噶倫) 중의 하나이다.

132 12대 달라이 라마의 親政과 영향력 감소에 관하여 역사적 사료는 일치하지 않는다. 예컨대 『大淸穆宗皇帝實錄』349권에 따르면 1873년 3월 4일 이후로 12대 달라이 라마의 친정은 존재하지 않는다고 기록돼 있다. 반면 『淸史稿』 열전 312 藩部 8(中 華書局, 1977년판 14553쪽 10번째 줄)에 의하면 당시 티베트의 정교 사무를 관여 했으며 그 권한을 위임받은 것으로 기록되어 있다.

133 普布覚活佛洛桑楚臣强巴嘉措 著, 〈十三世达赖喇嘛传〉, 中国藏学出版社, 2006.

134 티베트에는 활불의 존재가 수없이 많다. 그중에서 聖과 俗의 두 가지 권력을 가진 활불은 환생을 필연 조건으로 하는 달라이 라마와 판첸 라마뿐이다. 그러나 달라 이 라마와 판첸 라마와 같은 환생한 부처가 두 명씩이나 존재한다는 사실은 활불 에 대한 집중력과 영향력이 줄어들 수 있는 소지가 있었다. 그래서인지 그들의 관 계도 시간이 지남에 따라 경쟁과 적대관계로 돌변하는 상황이 발생하기도 했다. 6 대 판첸 라마와 13대 달라이 라마 사이의 적대관계가 대표적 예이다. 여기에는 중 원의 정치적 역할도 한몫했다. 1729년에 청나라는 판첸 라마를 달라이 라마의 정 치적 경쟁자로 부각시켜 티베트 중서부의 광활한 지역에 대한 통치권을 넘겨주려 하였다. 당시 강력한 카리스마를 소유했던 13대 달라이 라마는 자신의 정치적·종 교적 힘을 강력하게 주장하며 청 정부와 맞섰다. 그 결과로 판첸 라마는 티베트를

237

떠나서 중국 내륙에서 망명생활을 해야만 했다. 1912년에 중화민국이 성립되자 제 13대 달라이 라마는 티베트와 중국이 별개의 나라임을 공식적으로 표명하기 위해서 중국인을 티베트 밖으로 추방하고, 이듬해에는 티베트 독립을 선언했다. 그 후 40년 동안 티베트는 국제적인 승인을 얻지는 못했지만 사실상 독립국으로 행세했다. 이는 13대 달라이 라마의 공헌이다.

135 티베트의 귀족제도는 5세 달라이 라마부터 시작된 것으로 보인다. 달라이 라마는 그가 신임하는 라마들을 정부 요직에 기용하고, 승관(僧官) 조직을 확립했다. 그 후로 속관(俗官) 조직도 건립한다. 1793년 최고권력기구로 확립된 갈하(噶厦)에는 4명의 3품 관리 갈륜(噶倫)이 있다. 그들의 지위는 평등하며, 중대한 사항은 투표로 결정한다. 갈하는 대부분 경우에 3명의 속관과 1명의 승관으로 구성된다. 한때는 모두 속관이 자리를 차지한 적도 있다. 4명의 속관과 1명의 승관 합쳐서 5명으로 확대된 적도 있다. https://shanghaicrab.tistory.com/16153219 참조.

136 楊開煌, 〈達賴喇嘛「西藏問題」國際化之策略分析〉, 台北: 蒙藏委員會專提研究叢書, 1999, 20~38쪽.

137 王寶玉, 〈現代西藏的誕生〉, 中國藏學出版社, 1990.

138 黃鴻劍, 〈1904英國侵略西藏戰爭〉, 中國藏學, 中國藏學出版社, 1993.

139 郭衛平, 〈清季十드世達賴出走庫倫考〉, 西藏研究〉(季刊), 拉薩: 西藏社會科學, 1986.

140 1904년에 영국과 티베트 사이에 체결된 조약. 영국이 인도를 지배하는 데 압력을 받은 13대 달라이 라마가 친러시아 정책을 취하게 되었다. 그러자 러시아 세력이 티베트를 침투할 것을 염려한 영국은 1만 명의 군대를 이끈 영허즈번드를 티베트에 파견하여 이 조약을 체결시켰다.

141 라싸조약(拉薩條約). 1904년에 영국과 티베트 사이에 맺은 조약. 티베트가 친(親)러시아 정책을 취하자, 러시아 세력의 티베트 침투를 염려한 영국이 티베트의 통상 문호 개방과 영국의 보호국이 될 것을 인정하는 따위의 내용을 골자로 체결하였다.

142 王紹坊, 韓仁熙, 〈中關外交史 1840~1911〉, 서울: 知永社, 1996

143 中國藏學研究中心 編, 〈康藏糾紛糖案選編〉, 中國藏學出版社, 2000.

144 Foreign Relations of the United States(1924), vol. 2, the Far East: China, Washington, D.C: GPO, 1972, pp. 592~593.

145 1959년에 14대 달라이 라마가 인도에서 수립한 티베트 망명정부(The Government of Tibet in Exile)이다. 공식 이름은 달라이 라마의 중앙 티베트 행정부(The Central Tibetan Administration of His Holiness the Dalai Lama: CTA)이다. 1959년에 달라이 라마는 망명 후 당시 인도 수상이던 네루(Pandit Nmehru)와 협상 끝에 1960년에 인도 북서부 히마찰 프라데시(Himachal Pradesh)주 다람살라에 망명정부를 수립했다. 망명정부에는 행정부 · 사법부 · 입법부가 갖추어져 있으며 달라이 라마

가 수장이다. 행정부는 종교·문화·내무·재정·교육·방위·보건·정보·국제관계 등을 담당하는 여러 부서로 구성되어 있으며, 사법부인 최고사법위원회가 있다. 입법부인 국민대표의회는 지역과 종파를 대표하는 46명의 의원들로 구성되어 있다. 망명정부는 2만 3천여 명이 다니는 83개의 학교를 운영하고 있으며 인도에 117개의 사원을 설립했다. 또한 망명정부는 뉴욕·런던·모스크바 등 세계 11개 주요 도시에 대표 사무소를 설치했다. 특이한 것은 대만(臺灣)의 타이베이(大北)에 대표부가 설치된 것이다. 타이베이 대표부는 1997년에 중국 정부의 강력한 반대에도 불구하고 대만 정부의 승인에 의해 설치된 것으로서 한때 양안(兩岸) 관계를 냉각시키는 요인으로 작용했다. 김용찬, 〈티베트 망명정부의 수립〉, 민족연구 3호, 2007, 131~132쪽.

146 Foreign Relations of the United States(1948), vol. 7, the Far East: China, Washington, D.C: GPO, 1973, p. 775

147 Tsepon W. D. Shakabpa, Tibet, A Political History(西藏政治史), New York: Potala Publications, 1984, p. 295.

148 〈中央人民政府和西藏地方政府关于和平解放西藏办法的协议〉, 人民日报, 1951. 5. 28.

149 Foreign Relations of the United States(1951), vol. 7, the Far East: China, Washington, D.C: GPO, 1982, pp. 1612~1613.

150 1951년 5월 23일에 체결된, 소위「서장의 평화해방 방법에 관한 중앙 인민정부와 서장 지방정부의 합의」의 기본 내용과 정신은 1950년 5월에 중공 서남국에서 마련한 10조 정책이 거의 그대로 관철된 것으로, 이는 이 협약이 중국 측의 의지대로 일방적으로 진행되었음을 의미한다. 담판 과정에서 티베트 대표는 인민해방군의 티베트 진군 문제, 민족구역자치와 사회개혁 문제, 판첸 라마의 지위와 직권 문제 등 3개 항에 대하여 이의를 제기하였지만, 결과적으로 이의는 전혀 받아들여지지 않았다. 따라서 이 협약의 체결은 중국 측에서 보면 오랜 숙원을 푼 것으로, 이는 체결 직후 중국 당국의 각종 성명을 통해 여과 없이 표현되었다. 김한규의 책, 2003, 48~49쪽.

151 B. N. Mullik, My Years with Nehru, the Chinese Betrayal, Bombay: Allied Publishers Private Ltd, 1971, pp. 80~81.

152 John F. Avedon의 책, 1984, p. 38.

153 John F. Avedon의 책, 1984, pp. 46~47.

154 Chris Mullin, The CIA: Tibetan Conspiracy, Far Eastern Economic Review, v. 89, no. 36, 1975, p. 33.

155 查爾斯 貝爾(Sir Charles Bell), 漏其友 等譯, 〈世達賴卿廧傳〉(The Portrait of e Dalai Lama), 西藏社會科學院西藏學漢文文獻編輯室, 1985, 490쪽.

156 黃鴻釗, 〈1904年英國侵略西藏戰爭〉, 中國藏學, 北京 中國藏學出版社, 1993.

157 박장배의 논문, 95~100쪽.

158 L. Fletvher Prouty, The Secret Team, the CIA and its Allies in Control of the United States and Work, Englewood Cliffs, N, J, Prentice-Hall, Inc, 1973, p. 351~353.

159 미국 말고도 티베트인들의 유격훈련 전진기지가 형성됐던 곳은 또 있다. 바로 네 팔이다. 미국과의 유격훈련이 한창일 무렵 티베트인들은 스스로 '국가자원방위 대'(National Volunteer Defense Army)를 조직하여 티베트 남쪽과 국경을 마주한 ' 무스탕'(Mustang)이라는 오지에 훈련 기지를 설정하고 유격훈련을 진행했다. 1959 년에 달라이 라마가 인도로 망명하자 1961년부터 티베트 캄파(康巴, Khampa)인 6,000여 명이 주축이 되어 이 지역을 근거지로 게릴라 활동을 하기도 했다.

160 Jack Anderson, "A Toll of Dirty Tricks", The Washington Post, April 24, 1977, p. C7.

161 L. Fletvher Prouty의 책, 1973, p. 351.

162 David Wise, The Politics of Lying: Government Deception, Secrecy and Power, New York: Vintage Books, 1973, p. 252.

163 이 이야기는 필자가 공동 저자가 참여한 책 〈문명의 위기를 넘어서〉(2022. 학지사) 에서 일부를 인용했다.

/

240